배창돈 설교시리즈 1

영혼을 살리는 전도설교

배 창 돈 지음

전도는 교회가 존재하는 목적이다
전도설교는 교회와 불신자, 평신도와 목회자를 살게 하는 능력이다
대각성전도집회와 새가족 초청의 날, 구원초청 설교를 묶은 순수한 전도메세지

예루살렘

영혼을살리는 전도설교

1판 1쇄 발행 2010년 01월 05일
1판 2쇄 발행 2022년 03월 25일

지은이 배창돈
펴낸이 박성숙
펴낸곳 도서출판 예루살렘
주 소 10252 경기도 고양시 일산동구 고봉로 776-92
전 화 031-976-8970
팩 스 031-976-8971
이메일 jerusalem80@naver.com
등 록 1980년 5월 24일(제16-75호)
ISBN 978-89-7210-496-4(03230)
책값 뒤표지에있습니다.

도서출판 예루살렘은 말씀과 성령 안에서 기도로 시작하며
영혼이 풍요로워지는 책을 만드는 데 힘쓰고 있으며
문서선교 사역의 현장에서 하나님 나라의 비전을 넓혀가겠습니다.

나의 힘이신 여호와여 내가 주를 사랑하나이다(시 18:1)

배창돈 설교시리즈 1

영혼을 살리는
전도설교

배 창 돈 지음

예루살렘

머리말

교회의 사명은 한 마디로 '전도'라고 말할 수 있습니다. 전도하지 않는 교회는 죽은 교회로 주님의 뜻을 외면하고 방치해 두는 것과 같습니다. 평택 대광교회는 1988년부터 제자훈련을 시작하였습니다. 교인들의 삶은 두드러지게 변하였고, 주님에 대한 사랑 또한 놀라울 만큼 변화되었습니다.

이와 함께 전도에 대한 열의도 높아 전도에 노력을 하였지만 기대만큼 전도되지 못하고 있는 것을 알고는 메시지의 내용을 복음적인 설교로 바꾸기 시작하였습니다.

그리고 전도에 도움이 되는 여러 가지 프로그램을 살리는 것은 바로 목사의 메시지라는 확신을 갖게 되었고, 1995년부터 대각성 전도집회 및 전도축제 등을 계획하고 복음설교를 준비하기 시작했습니다.

복음설교의 주제나 내용이 다양하지 못할 것이라는 선입견 때문에 염려가 앞섰으나 전도집회를 하면서 그런 염려가 부질없는 것이었음을 알게 되었습니다. 알고 보면 복음이 성경의 중심 내용이기 때문입니다.

"오직 이것을 기록함은 너희로 예수께서 하나님의 아들 그리스도 이심을 믿게 하려 함이요 또 너희로 믿고 그 이름을 힘입어 생명을 얻게 하려 함이니라"(요 20: 31)

복음 설교를 하면서 느낀 것은 복음 설교를 주님께서 원하고 계심을 알 수가 있었습니다. 복음 설교를 시작한 후 새로 등록하는 교인의 수가 증가하기 시작하였으며, 등록자의 80%가 새신자였다는 사실입니다. 그리고 교인들이 더욱 열심히 전도하는 것을 볼 수 있었습니다.

이 번에 나온 복음 설교집은 대각성 전도집회와 총동원 전도주일 및 매주일 설교한 복음 메시지를 모은 것입니다. 설교준비를 하면서 참고할 자료가 생각보다 적다는데 놀라지 않을 수 없었습니다. 부족한 것이 많지만 이 설교집이 복음에 대한 열정을 가진 동역자들에게 조금이나마 보탬이 되었으면 하는 마음입니다.

이 설교집이 나오기까지 기도와 사랑으로 하나 된 평택대광교회 식구들과 사랑하는 아내와 두 아들 진과 현, 그리고 두서없는 원고를 정리하여 출판 해 주신 예루살렘 출판사 사장님과 직원들에게 감사를 드립니다. 이 책을 통해 오직 하나님께서 영광을 받으시기를 원할 뿐입니다.

평택에서
배창돈 목사

목차

하나님의 마음

누가복음 15:20-24

20 이에 일어나서 아버지께로 돌아가니라 아직도 거리가 먼데 아버지가 그
를 보고 측은히 여겨 달려가 목을 안고 입을 맞추니
21 아들이 이르되 아버지 내가 하늘과 아버지께 죄를 지었사오니 지금부터
는 아버지의 아들이라 일컬음을 감당하지 못하겠나이다 하나
22 아버지는 종들에게 이르되 제일 좋은 옷을 내어다가 입히고 손에 가락
지를 끼우고 발에 신을 신기라
23 그리고 살진 송아지를 끌어다가 잡으라 우리가 먹고 즐기자
24 이 내 아들은 죽었다가 다시 살아났으며 내가 잃었다가 다시 얻었노라
하니 그들이 즐거워 하더라

하나님의 마음

어떤 목사님이 설교준비를 하기 위해 성경을 묵상하고 있는데 딸이 들어와서 이곳저곳으로 다니며 귀찮게 하였습니다. 목사는 언짢은 표정으로 무슨 일로 들어왔는지 물어 보았습니다. 그러자 딸은 이렇게 대답했습니다. "용건이 있어서 온 것이 아니고요. 아버지가 계시니까 함께 있고 싶어서 왔어요."

여러분은 하나님과 가까이 하고 싶은 마음이 있습니까?

예수님을 믿는 순간 우리는 하나님의 자녀가 되었습니다. "영접하는 자 곧 그 이름을 믿는 자들에게는 하나님의 자녀가 되는 권세를 주셨으니"(요 1:12) 그래서 하나님 아버지라고 부릅니다. 그런데 입으로는 아버지라고 부르지만 정작 하나님이 어떤 분이신지 모르는 경우가 많습니다.

여러분은 하나님이 어떤 분이라고 생각하십니까? 아버지에 대해 깊이 생각해 본 적이 있습니까?

이런 이야기를 들은 적이 있습니다. 어떤 아버지가 있었습니다. 하루는 아들이 아버지의 농장을 떠나기로 결정하고 아버지에게 이 사실을 알리자 아버지는 아들을 불렀습니다. 그러나 아무 말도 하지 않았습니다. 다만 집과 농장 주변을 아들과 함께 걷기만 했습니다. 그렇게 함으로 아버지는 아들에게 어린 시절에 뛰놀던 곳과 가족에 대한 추억을 회상시켜 주고자 했습니다. 그리고 한참 후에 입을 열었습니다. "내가 너에게 하고 싶은 말은 이 말 뿐이다. 네가 마음먹은 대로 열심히 해 보아라"

아버지의 마음을 잘 표현한 이야기가 아닐까요? 자녀가 잘 되기를 바라는 아버지의 마음을 엿볼 수 있습니다. '어떻게 하면 아들에게 가장 필요하고 유익한 것들을 줄 수 있을까?' 아버지가 자녀를 위해 생각하는 것과 한 마디 한 마디 말은 모두가 사랑의 표현입니다. 자녀를 향해 삶의 다이얼을 맞추고 그것으로 만족해하는 것이 세상의 아버지의 마음이라면 하나님의 마음은 이보다 더 높은 차원에서 살펴보아야 하지 않을까요?

하나님이 어떤 분이신지 알아야 합니다! 교회에는 나오지만 하나님을 몰라서 자녀가 누려야 할 특권과 하나님의 사랑을 느끼지 못하고 사는 사람이 얼마나 많습니까?

본문에 나오는 탕자의 아버지를 통해 하나님의 마음을 알고 평생동안 하나님의 자녀로서 당당하게 살기를 원합니다.

아버지의 마음

아버지가 그를 보고(20절 -아버지가 먼저 보았다)

"우리가 하나님께 2.5센티(1인치) 다가가면 하나님은 우리에게 112.5센티(45인치=1엘) 다가오신다."는 말이 있습니다. 이는 우리가 1미터 다가가면 45미터 다가온다는 말이지만 사실은 그보다 훨씬 더 가까이 다가오실 것입니다. 탕자가 집으로 돌아오는 모습을 아버지가 먼저 보았습니다. 이는 자녀가 아버지를 생각하는 것과 비교할 수 없는 사랑을 보여주는 것입니다.

오랜 시간의 방탕한 생활로 아들의 모습은 여위고 추한 모습이었을 것입니다. 그럼에도 아버지는 자녀를 먼저 발견하였습니다. 이는 아버지의 마음은 온통 아들에 대한 사랑으로 가득 차 있음을 알 수가 있습니다. 아버지는 매일 아들이 돌아오기를 기다렸습니다. 비록 모습이 변하고 거리가 멀었지만 단번에 알아보는 아버지의 모습은 사랑의 극치를 보여줍니다.

하나님은 언제나 우리를 사랑의 모습으로 바라보고 계십니다. 우리가 죄악을 범하여 하나님 곁을 떠나도 변하지 않는 사랑의 마음으로 돌아오기만을 기다리고 계십니다.

어떤 경우라도 받아들일 자세가 되어 있는 아버지, 세상 사람들은 기다릴 수 없지만 아버지는 언제까지고 기다리고 계십니다.

측은히 여겨(20절 –자녀의 허물은 허물이 아니다)

'측은히 여긴다.' 는 것은 깊은 상처나 약점을 보고 마음 아파하는 것을 말합니다. 이 세상 사람들은 잘못이나 약점을 보면 무관심하거나 비난하지만 아버지의 마음은 약한 부분을 보고 마음 아파합니다. 하나님께서는 자녀들이 죄악을 범하여 방탕할 때 마음 아프게 여기십니다. 자녀가 실패하고 실수했을 때 마음 속 깊은 곳에서부터 애절한 눈물을 흘려줄 수 있는 사람은 아버지가 아니면 누구이겠습니까? 하나님을 분노와 징벌의 하나님으로 여기는 경우가 많지만 하나님의 근본적인 마음은 사랑과 이해의 마음이십니다. 그래서 여러 가지 방법으로 권면하시고 충고하십니다. 어떤 경우는 달래기도 하시는 것입니다. 오늘날에도 성경의 여러 사건을 통해서 탕자처럼 되지 말아야 할 것을 가르치실 뿐만 아니라 어떤 죄를 지었을지라도 용서해 주시는 하나님이심을 오늘 본문을 통해 가르쳐주고 계십니다.

달려가(20절 –아버지의 사랑은 열정적이다)

아버지의 사랑은 적극적입니다. 아들을 사랑해서 체면도 잊어버리고 달려가고 있습니다. "아직도 거리가 먼데(에티 데 아우트 마크란 에페콘도스, *ἔτι δε αὐτοῦ μακρὰν ἀπέξοντος* 정확한 뜻은 "아직도 멀리서 머뭇거리고 있는 동안" 이란 뜻입니다.

제멋대로 집을 떠난 아들이 아버지에게 돌아가는 무거운 발걸음을 옮기고 있었지만 아버지는 오히려 아들의 생각을 초월한 모습을 보였습니다. 그가 머뭇거리고 있는 동안 아버지는 달려오고 있었습니다. 이것이 하나님의 사랑입니다.

사람이 어떤 죄를 지어도 회개하고 돌아오기만 하면 오히려 미안할 만큼 반갑게 맞아주는 하나님의 사랑입니다.

하나님의 사랑은 무조건적입니다. 어떤 공로나 인정받을 만한 것이 없음에도 예수님을 우리의 죄를 해결해 줄 구세주로 믿기만 하면 하나님은 죄 많은 우리의 아버지가 되어 주시겠다고 하셨고, 엄청난 사랑을 우리에게 부어주시는 것입니다. 자녀만 되면 오늘도 우리를 무조건적으로 사랑하십니다.

목을 안고 입을 맞추니(20절 –표현하지 않고는 견딜 수 없는 사랑)

하나님은 지극한 사랑을 구체적으로 표현하시는 분입니다. 사랑은 하지만 성격이 내성적이라 표현하지 않는 세상의 사람들과 다릅니다. 사랑하니까 목을 껴안고 입을 맞추고 구체적으로 표현을 합니다. 서구 사람들의 실천적인 사고방식은 그들이 하나님을 믿었기 때문이 아닌가 합니다. 서구 사람들의 반가움에 대한 표현과 동양인의 표현은 다릅니다. 서양 사람들은 안고 입을 맞추고 난리법석을 떠는데, 한국인은 마음은 원이지만, "오랜만이야" 또는, 부부간에도 "잘 있었소?" 이런 정도의 표현이 고작입니다. 그런데 여기서 '입을 맞추니'는 "열정적으로 입 맞추다"라는 뜻입니다. 하나님은 여러분에게 지극한 애정으로 표현하고 싶어 하십니다. 그런데 아버지를 보고 피하고 가까이 가지 않는 아들이라면 어쩔 수 없는 것이 아닙니까?

제일 좋은 것으로(22절 –세상의 모든 것은 자녀를 위해)

아들이 돌아온 것은 아버지의 생애에 최고의 기쁨입니다. 좋은 것을 아낌없이 자녀에게 주었습니다. 하나님은 그의 자녀인 우리에게 최고의 좋은 것으로 주시기를 원하십니다. 하나님께서 인생에게 주신 것들 가운데 불량품이나 불완전한 것은 없습니다. 모두가 좋은 것들 뿐입니다.

일본의 기무라라는 목사님이 나이아가라 폭포를 구경하고 있는데, 어떤 미국인이 자랑하며 물었습니다. "굉장하지요 일본에는 이런 폭포가 없지요?" 그러자 기무라 목사님은 "뭐라고요? 이 폭포는 우리 아버지 것입니다." 이 말을 들은 미국인은 자신이 착각한 것으로 생각하고는 그를 인디언 추장의 아들로 생각했습니다. 인디언들이 나이아가라 폭포의 이름을 지었고 그들이 소유하고 있었기 때문입니다. 미국인이 다시 물었습니다. "도대체 당신 아버지가 누구요?" 그러자 기무라 목사님은 서슴지 않고 말했습니다. "하나님 아버지요." 며칠 후 나이아가라 교회에서 기무라 목사를 초청하여 설교를 듣게 되었는데 포스터에 이런 글이 씌어져 있었다고 합니다. "금일 오후 8시부터 기무라 목사가 설교하신다. 기무라 목사의 아버지는 나이아가라 폭포의 주인이시다."

제일 좋은 옷을 내어다가 입히고(22절 –멋있는 주인공이 되기를 원하여)

연회나 잔치 때에 입는 예복입니다. 이는 연회의 주인공이 바로 아들인 것을 보여줍니다. 하나님은 회개하고 돌아오는 자의 죄를 용서해 주실 뿐 아니라 영광스러운 자리에 앉히십니다.

손에 가락지를 끼우고(22절– 어떤 경우에도 아들은 아들)

가락지를 끼워주는 것은 몇 가지를 의미합니다. ① 아들의 권리를 회복시켜줌을 의미합니다. ② 부와 위엄을 나타내는 표시로 아버지의 지극한 총애가 있음을 보여줍니다.

발에 신을 신기라(22절)

그 당시 종이나 노예들은 신발을 신지 않았습니다. 아버지가 아들에게 신발을 신겼다는 것은 그 신분이 종이 아니라 자유로운 아들임을 보여주는 것입니다.

살진 송아지를 끌어다가 잡으라(23절 -준비된 것으로)

아버지의 감격은 최고조에 달하고 있습니다. 기쁨은 좋은 옷을 입히고, 가락지를 끼우고, 신발을 신기는 것으로 끝나지 않았습니다. 살진 송아지까지 잡아서 잔치를 벌이고 있습니다. 기쁨을 자신의 마음에 넣어두기에는 너무나 아까웠습니다. 그래서 함께 즐거움을 나누고 축하를 받고 싶었습니다.

이 송아지는 여러 송아지들 중에서 아무렇게나 선택된 송아지가 아니었습니다. 오래 전부터 아버지가 준비한 송아지였습니다. 가장 기쁜 일이 있으면 사용하기 위해 준비된 송아지였습니다. 이는 살진 송아지 앞에 관사(톤)가 붙어 있는 것을 통해 잘 알 수 있습니다. 특별히 정성을 다해 키운 살진 송아지였던 것입니다.

아버지가 아들을 위해 가장 귀한 송아지를 잡은 것처럼, 하나님은 우리를 위해 독생자이신 예수님을 이 땅에 보내셔서 십자가에 돌아가시게 함으로 우리를 죄로부터 구원하신 것입니다.

아버지는 아들을 위해 완벽하게 준비하십니다.

아들의 가치(비중)

세상의 아버지에게도 아들은 중요합니다. 하지만 아버지가 아들을 위해 아무리 많이 준비해도 부족할 뿐입니다. 그러나 하나님의 준비는 완벽합니다. 이는 자녀 된 우리의 비중이 어느 정도인지 알 수가 있습니다.

자신감을 가지십시오. 우리는 하나님의 자녀입니다.

하나님의 사랑을 받고 있는 하나님의 자녀인 것입니다. 그 하나님은 우리에게 좋은 것을 주실 뿐 아니라 우리를 돌보고 계십니다.

어떤 여자아이가 어머니로부터 하나님이 나를 보고 계신다는 말을 들었습니다. 그 말을 들은 여자아이는 마음에 두려움이 생겼습니다. 그래서 여러 날 동안 슬픔에 잠겼습니다. '하나님이 나를 보고 계시다' 는 생각에 끊임없이 잠기는 동안 깊은 고민에 빠지게 된 것입니다. 그러던 어느 날 얼마동안 기도를 하고 난 후에 얼굴이 천사처럼 밝아져 엄마에게 와서 큰 소리로 외쳤습니다. "엄마, 하나님이 보고 계세요. 하나님은 나를 불쌍히 여기시고, 나를 인도하시고 보호하고 계세요." 하고 외쳤습니다.

사랑하는 여러분! 세상의 아버지와 비교할 수 없는 하나님께 나오십시오. 그리고 독생자이신 예수님까지 보내 주셔서 제물로 삼으시고 십자가에 돌아가시게 함으로 저와 여러분의 죄를 용서해 주신 사랑의 하나님을 믿으십시오. 하나님께 당신의 죄를 고백한다면 하나님은 사랑으로 여러분을 껴안고 온갖 좋은 것으로 채워 주실 것입니다.

아직 예수님을 구주로 영접하지 않은 분은 예수님을 당신의 구세주로 영접하십시오. 마음으로 고백하십시오. 그러면 하나님은 여러분의 아버지가 되어 주셔서 더 없는 기쁨으로 여러분을 맞아주실 것입니다. 그리고 여러분이 약할 때에 힘이 되어 주실 것입니다. 가난한 자에게는 부요함을, 고통을 당하는 자에게는 위로를, 병든 자에게는 건강을, 무엇을 원할지라도 그것을 주시는 위대하고 강하신 하나님이신 것입니다.

하나님을 찾으라(20절)

자녀로서의 축복은 하나님을 찾는 자만이 소유할 수가 있습니다. 찾지 않으면 아무런 소용이 없습니다. 탕자는 타락했지만 아버지께로 돌아갔습니다. "이에 일어나서 아버지께로 돌아가니라" (20절)

탕자가 아버지를 찾지 아니했다면 어떻게 살았을까요? 아버지는 있으나 아버지와는 무관하게 살다가 한평생을 마쳤을 것입니다. 하나님은 계시지만 하나님을 찾지도 않고 계신지도 모르고 살아가므로 하나님의 도움을 받을 수 없다면 얼마나 억울한 일입니까?

그러므로 무엇보다 먼저 하나님을 찾으십시오. 인생은 항해하는 배와 같습니다. 배가 목적지에 도착하기까지는 거센 폭우와 세찬 바람과 사람의 심장을 떨어지게 할 만큼 무서운 파도가 다가옵니다. 이러한 어려움과 위기를 하나님께 맡기지 않고는 무기력한 존재가 될 수밖에 없습니다. 그래서 다윗과 이사야는 이렇게 고백 하였습니다.

"나의 힘이신 여호와여 내가 주를 사랑하나이다. 여호와는 나의 반석이시요 나의 요새시요 나를 건지시는 이시요 나의 하나님이시요 내가 그 안에 피할 나의 바위시요 나의 방패시요 나의 구원의 뿔이시요 나의 산성이시로다" (시 18:1-2)

"여호와여 주의 이름을 아는 자는 주를 의지하오리니 이는 주를 찾는 자들을 버리지 아니하심이니이다" (시 9:10)

"너희는 여호와를 만날 만한 때에 찾으라 가까이 계실 때에 그를 부르라 악인은 그의 길을, 불의한 자는 그의 생각을 버리고 여호와께로 돌아오라 그리하면 그가 긍휼히 여기시리라 우리 하나님께로 돌아오라 그가 너그럽게 용서하시리라" (사 55:6-7)

하나님을 찾으십시오. 그래서 하나님의 자녀로서의 특권을 누리며 멋있게 인생을 사시기를 바랍니다.

죽은 부자의 절규

누가복음 16:19-31

19 한 부자가 있어 자색 옷과 고운 베옷을 입고 날마다 호화롭게 즐기더라
20 그런데 나사로라 이름하는 한 거지가 헌데 투성이로 그의 대문 앞에 버
려진 채
21 그 부자의 상에서 떨어지는 것으로 배불리려 하매 심지어 개들이 와서
그 헌데를 핥더라
22 이에 그 거지가 죽어 천사들에게 받들려 아브라함의 품에 들어가고 부
자도 죽어 장사되매
23 그가 음부에서 고통중에 눈을 들어 멀리 아브라함 그의 품에 있는 나사
로를 보고
24 불러 이르되 아버지 아브라함이여 나를 긍휼히 여기사 나사로를 보내어
그 손가락 끝에 물을 찍어 내 혀를 서늘하게 하소서 내가 이 불꽃 가운
데서 괴로워하나이다
25 아브라함이 이르되 얘 너는 살았을 때에 좋은 것을 받았고 나사로는 고
난을 받았으니 이것을 기억하라 이제 그는 여기서 위로를 받고 너는 괴
로움을 받느니라
26 그뿐 아니라 너희와 우리 사이에 큰 구렁텅이가 놓여 있어 여기서 너희
에게 건너가고자 하되 갈 수 없고 거기에 우리에게 건너올 수도 없게 하
였느니라
27 이르되 그러면 아버지여 구하노니 나사로를 내 아버지의 집에 보내소서
28 내 형제 다섯이 있으니 그들에게 증언하게 하여 그들로 이 고통 받는 곳
에 오지 않게 하소서
29 아브라함이 이르되 그들에게 모세와 선지자들이 있으니 그들에게 들을
지니라
30 이르되 그렇지 아니하니이다 아버지 아브라함이여 만일 죽은 자에게서
그들에게 가는 자가 있으면 회개하리이다
31 이르되 모세와 선지자들에게 듣지 아니하면 비록 죽은 자 가운데서 살
아나는 자가 있을지라도 권함을 받지 아니하리라 하였다 하시니라

죽은 부자의 절규

이 세상을 살면서

양의 근시안적인 모습은 인간의 모습과 너무도 흡사하다고 볼 수 있습니다. 그래서 사람을 양에 비유합니다. 인생은 근시안적입니다. 내일보다 오늘을 중시합니다. 또 내일이라고 해야 겨우 칠팔십 년 정도에 대한 계획을 세웁니다. 그러나 인생은 이 세상에서 짧게 살지만 영원한 시간을 준비해야 하는 존재입니다. 이 사실은 부자로 살았든 가난한 거지로 살았든 인생에게 가장 중요한 일입니다.

모든 사람에게 찾아오는 죽음(22절)

"이에 그 거지가 죽어 천사들에게 받들려 아브라함 품에 들어가고 부자도 죽어 장사되매"(22절)

시간과 순서의 차이만 있을 뿐이지 누구나 다 죽습니다. 삶의 스타일과 인생을 끝맺는 방법이 다를 뿐이지 누구에게나 찾아오는 것이 죽음입니다. 죽음은 나의 의사와 관계없이 다가옵니다. 한 번 다가오면 연기할 수 없습니다. 어떤 방법으로도 막을 수 없습니다. 다만 생명을 연장시킬 수 있는 분은 하나님 뿐 이십니다. 히스기야 왕이 죽음 앞에서 절규하고 하나님께 부르짖으며 살려달라고 애원한 결과, 15년을 더 살게 되었을 뿐입니다.

죽음은 끝이 아니다(23)

무신론자들은 사람이 죽으면 영혼까지 없어진다고 말합니다. 그러나 성경을 보니 죽음이 끝이 아닙니다. 천국과 지옥으로 나누어집니다.

"그가 음부에서 고통 중에 눈을 들어 아브라함과 그의 품에 있는 나사로를 보고"(23절) 의식이 있는 곳입니다. 천국과 지옥은 의식이 있는 곳으로 나사로는 천국에서 영원한 안식을 맞이하고 부자는 지옥에서 끝없는 고통 속에서 괴로워하고 있는 것입니다.

죽음 다음에는 선택권이 없습니다. 죽은 사람을 위해 헌금을 많이 해도, 기도를 아무리 많이 해도 소용이 없습니다. 죽은 사람의 시신을 최고 좋은 자리에 안치해도 소용이 없습니다. 그 어떤 방법도 소용이 없는 것입니다.

"한번 죽는 것은 사람에게 정해진 것이요 그 후에는 심판이 있으리니"(히9:27)

지옥

현대인들은 천국이나 지옥이라는 말에 대해 거부감을 가집니다. 오히려 문학적이고 지적인 현대인의 감각에는 천국과 지옥이라는 말은 어울리지 않는다고 합니다. 사람들에게 큰 호감을 받지 못할지라도 현대의 철학 사조에 맞지 아니해도 존재하는 것을 전하지 아니할 수는 없습니다. 대단히 인기 없어 보이는 말씀을 전하려고 합니다. 이는 인기 있고 유식한 설교를 통해서 일시적인 호응이나 기분은 맞추어 줄는지 몰라도 그 영혼에 대해서는 아무런 영향도 끼치지 못하는 것보다는 낫다고 확신하기 때문입니다.

구약성경은 지옥을 '스올' (죄 짓고 악한 사람이 형벌 받는 곳)이라고 하고, 신약은 '하데스' (고통과 불붙는 장소)라고 하며, 성경은 곳곳에 지옥을 음부, 무저갱, 캄캄한 곳 등으로 기록하고 있습니다.

어떤 단체나 모인에 가입할 때는 구성원에 대한 관심을 가집니다. 누구와 함께 지낼 것인가? 또는 누구와 함께 여행을 할 것인가? 아니면 누구와 함께 살 것인가? 이는 모든 사람들의 관심거리입니다.

그럼 지옥에는 어떤 자가 들어갑니까? ① 복음을 거부하는 자들(마 10:15), ② 불의와 악을 행한 자(롬 2:8,9), ③ 믿지 아니하는 자들과 흉악한 자들 ④ 살인자들과 행음자, 술객(점쟁이 무당), 우상 숭배자들, ⑤ 거짓 선지자들입니다.(계 19:20)

토마스 아퀴나스 (중세 신학자)는 "지옥은 사악한 자들이 끝없이 고통을 당하는 곳이다" 라고 하였습니다.

본문에 나타난 지옥의 내용을 살펴봅시다.

① 자신의 처지를 알게 되는 곳, 정말 자신이 불쌍한 존재라는 사실을 비로소 알게 되는 곳입니다.(24절)

② 고통의 장소, 목이 타도 물 한 방울 공급받을 수 없는 곳, 불꽃 가운데 고통당하며 사는 곳입니다.(24절)

③ 영원히 거할 수밖에 없는 곳, 거주의 자유가 없습니다. 지옥은 감옥입니다. 큰 구렁이 끼어 있어서 좋은 곳(천국이나 이 세상 어디든)에 갈 수 없으며, 사랑하는 사람을 만날 수도 없습니다.(26절)

부자의 절규

이 세상을 잘못 산 대가입니다. 이 세상의 부귀영화는 내세와 전혀 상관이 없습니다. 지옥은 세상처럼 군림할 수 없는 곳입니다. 나사로를 무시한 결과임에도 지금도 나사로를 무시하고 있습니다.(24,27절) 나사로를 심부름꾼으로 사용해달라는 어처구니없는 부탁을 하고 있습니다. 가난하고 약한 자의 소리에 귀를 기울이십시오. 나사로에게 조금의 관심이라도 있었다면 그는 천국에 대해서 들을 수 있었을 것입니다.

아람 나라의 군대장관 나아만이 불치의 병인 나병이 낫고 하나님의 능력을 인정할 수 있었던 이유는 겸손했기 때문입니다. 계집종의 말을 들었고 신하들의 충고를 받아들였기 때문입니다. 세상은 물질과 지위에 의해 사람의 가치를 정하지만 내세는 아닙니다. 예수님을 믿었느냐, 믿지 않았느냐에 의해 결정됩니다.

돌이킬 수 없는 시간

시간은 돌이킬 수 없습니다. 주어진 시간 동안 그는 하나님을 믿지 않았습니다. 내세를 믿지 않았습니다. 성경은 "세월을 아끼라 때가 악하니라"(엡 5:16)고 말씀하고 있습니다. 우리를 유혹하는 수많은 것들 때문에 시간을 주신 창조주 하나님의 뜻대로 살지 못하고 시간을 허비하고 악하게 사용하므로 그는 지옥에서 영원히 후회하고 안타까워하며 살 수밖에 없습니다.

자신에게 속지 마라(25절)

부자는 자신에게 속았습니다. 돈과 건강, 그리고 자신감에 속았습니다. 젊은이들이 자신감 때문에 얼마나 많이 자신에게 속습니까? 인생이 실패하는 이유는 자신에게 속기 때문입니다.

제가 아는 어떤 여자는 좋은 남편을 만났으나 자신의 자존심(좋은 배경과 학력, 미모를 앞세움) 때문에 그 남편과 이혼하고 새로

만난 남편에게 매일 구타를 당하며 인간 이하의 취급을 받고 자신을 저주하며 살고 있습니다.

성경은 스스로 속지 말라고 말씀합니다. 부자는 이 세상에서의 부귀가 가장 귀한 것인 줄 알았습니다. 그러나 지나고 보니 아무 것도 아니었습니다.

"너희는 말씀을 행하는 자가 되고 듣기만 하여 자신을 속이는 자가 되지 말라"(약 1:22)

사탄은 사람들을 멍청하게 만들어 자기 자신에게 속게 만듭니다. "이는 우리로 사탄에게 속지 않게 하려 함이라 우리는 그 계책을 알지 못하는 바가 아니로라"(고후 2:11)

아무도 그의 말을 들어 주지 않는 곳에서(26,29절)

그 누구도 자신의 말에 귀를 기울여 주지 않는 곳에서 사는 사람의 삶이 바로 지옥에서의 삶입니다. 부부가 함께 살아도 대화가 통하지 않는다면 이는 참으로 괴롭지 않습니까? 이 세상과 지옥의 공통점은 아무도 말을 들어주지 않는다는 데에 있습니다. 죄인들이 가는 감방, 공산주의(개인의 의사가 존중되지 않는다.), 자녀들의 고통(부모가 자신의 의사를 무시할 때), 부부관계도 마찬가지입니다. 지옥에서 절규하고 있는 이 부자의 소리를 들어줄 수 있는 자는 아무도 없습니다. 오직 혼자서 하소연하고 절규할 뿐입니다.

영원히 후회하며 살아야 하는 인생(28절)

마태복음 25장의 달란트 비유를 보면 주인으로부터 한 달란트 받은 자가 게으름을 피우므로 받은 달란트를 빼앗기고 "바깥 어두운 데로 내쫓으라 거기서 슬피 울며 이를 갈리라"고 한 말씀이 있습니다.(마 25:30) 주어진 시간 동안에 인간으로서 해야 할 일을 하지 못했을 때 주어지는 그 비참함은 영원한 수치와 후회로 다가옵니다.

부자에게는 다시 기회가 없습니다. 끝없는 후회와 고통, 그리고 자신에 대한 저주만이 이 부자를 영원히 괴롭힐 것입니다.

하나님의 말씀을 믿으라(31절)

이 세상에는 하나님의 말씀을 믿지 않기로 작정하고 사는 사람이 있습니다. 그런 사람에게는 그 어떤 증거도 소용이 없습니다. 믿지 않기로 작정한 자들은 적어도 성경을 읽어 보고 믿지 않기로 작정해야 합니다. 그러나 믿지 않기로 작정한 사람들의 대부분은 듣지도 않으려고 합니다. 현세적인 욕심을 채워주는 것에 대해서는 민감하지만 천국이나 지옥 따위는 나와는 상관이 없는 우스운 농담 정도로 여깁니다.

바로 그 주인공인 부자가 지옥에서 무엇이라고 말하고 있는지 살펴보십시오. 자신은 이미 지옥에서 고통을 당하고 있을지라도 자신의 형제 다섯은 이 고통스러운 지옥에 오지 않게 해 달라고 애원하고 있습니다.

어떤 분은 자신의 부모님이나 형제까지 믿지 않고 죽었으니 자신도 함께 지옥가야 하지 않느냐고 말합니다. 대단히 의리 있는 말처럼 들리지만 참으로 어리석은 생각입니다. 왜냐하면 먼저 지옥에 간 부자가 자기 형제는 결코 이 고통 받는 지옥에 오지 않기를 바라고 있는 사실을 통해서 잘 알 수가 있습니다.

사람은 육체적인 건강을 지탱시켜 주는 떡으로만 살 수 없습니다. 떡은 일시적인 만족은 채워 줄 수 있지만 영원한 만족을 줄 수 없기 때문입니다. 그래서 예수님은 떡으로 유혹하는 마귀에게 "사람이 떡으로만 살 것이 아니요 하나님의 입으로부터 나오는 모든 말씀으로 살 것이라"(마 4:4)고 말씀하셨습니다.

믿지 않기로 작정한 사람은 사람이 죽었다가 살아난다고 해도 믿지 않을 것입니다.(31절) 하나님의 말씀은 살아서 역사하십니다. 이 세상을 창조하시고 인생의 생사화복을 주장하십니다. 말씀을 믿으면 화가 복이 되고, 절망이 희망으로, 지옥이 천국으로 변합니다. 이 부자는 믿지 아니하므로 지옥에서 영원한 고통을 당하게 된 것입니다.

지옥 간 부자도 다섯 형제에 대한 구원이 가장 시급한 일임을 알았습니다. 그리고 그들이 지옥에 오지 않도록 해 달라고 절규했습니다.

사랑하는 형제 여러분, 우리는 부자와 같이 어리석은 자에게(자칭 현명한 부자) 복음을 전해야 합니다. 아직 예수님을 믿지 않는 자들은 영생을 주시는 예수님을 믿고 천국을 소유하시기 바랍니다. 그저 믿으면 영원한 생명을 얻게 될 것입니다. 여러분이 예수님을 구세주로 영접하는 순간 여러분의 모든 죄는 용서받고 하나님의 자녀로 하나님께서 예비하신 풍성한 새 삶을 시작할 것입니다.

"그 아들 안에서 우리가 속량 곧 죄사함을 얻었도다"(골 1:14)

"내가 진실로 진실로 너희에게 이르노니 내 말을 듣고 또 나 보내신 이를 믿는 자는 영생을 얻었고 심판에 이르지 아니하나니 사망에서 생명으로 옮겼느니라"(요 5:24)

땅에서는 나그네

히브리서 11:13-16

13 이 사람들은 다 믿음을 따라 죽었으며 약속을 받지 못하였으되 그것들
을 멀리서 보고 환영하며 또 땅에서는 외국인과 나그네임을 증언하였으
니
14 그들이 이같이 말하는 것은 자기들이 본향 찾는 자임을 나타냄이라
15 그들이 나온 바 본향을 생각하였더라면 돌아갈 기회가 있었으려니와
16 그들이 이제는 더 나은 본향을 사모하니 곧 하늘에 있는 곳이라 이러므
로 하나님이 그들의 하나님이라 일컬음 받으심을 부끄러워하지 아니하
시고 그들을 위하여 한 성을 예비하셨느니라

땅에서는 나그네

집 떠난 사람은 언제나 집을 그리워하는 법입니다. '즐거운 나의 집' (Home Sweet Home) 이란 곡을 모르는 분은 없을 것입니다. "즐거운 곳에서는 날 오라 하여도 내 쉴 곳은 작은 집 내 집 뿐이리 내 나라 내 기쁨 길이 쉴 곳은 꽃피고 새 우는 집 내 집 뿐이리 오 사랑 나의 집 즐거운 나의 벗 집 내 집 뿐이리"

이 가사를 쓴 존 하워드 페인은 타국에서 쓸쓸한 나날을 보내고 있을 때 어떤 집 대문에서 아버지를 반갑게 맞이하는 가족들을 보며 집이 그리워 이 가사를 쓰게 되었는데, 오늘날은 전 세계 사람들의 사랑을 받고 있습니다.

돌아갈 집이 있다는 것처럼 마음에 위로가 되는 것도 없을 것입니다. 사람들은 나름대로 준비를 합니다. 어떤 분은 60세가 지나자마자 자신이 죽어서 묻힐 묘 자리를 구입하고 나서 흐뭇한 표정을 지으며 사람들에게 자랑하기도 합니다. 사랑하는 사람과 함께 묻히기만 하면 죽어서도 영원히 함께 있을 수 있을 것이라는 생각에 함께 묻히기를 원하기도 합니다. 그러나 그가 가야 할 인생의 종착역이 어떤 곳인지를 모른다면 불안할 수밖에 없을 것입니다. 이 세상이 잠시 사는 곳임을 잊어버리면 종착역에 대한 관심은 멀어질 것이고 어느 날 찾아온 죽음 앞에 당황할 수밖에 없을 것입니다.

세종 시대의 최고의 학자라고 할 수 있는 성삼문도 수양대군에게 죽임을 당하기 위해 형장으로 끌려가며 이런 시를 지었는데, 오늘날에도 많은 사람의 심금을 울리고 있습니다.

"저녁 바람과 함께 해는 지려고 하는데 북 두드리는 소리는 사람의 목숨을 재촉하는구나 저승길에는 여관도 없을 것인데 오늘 밤은 어디에서 자야 하는고."

성경 본문의 내용을 쉽게 정리해서 말씀을 드리면 이런 내용입니다. "성경에 나타난 믿음의 사람들은 하나님께서 그들에게 하신 약속이 자기 앞에 현실로 다가오고 있음을 기쁨으로 기다렸습니다. 그들은 이 세상이 참 고향이 아니고 다만 잠시 동안 땅에 나그네로 머물러 있는 것에 불과하다는 사실을 알았습니다. 그들은 하늘에 있는 진정한 고향을 그리워했습니다. 그들은 이 세상의 달콤한 생활에 빠져서 지낼 수도 있었을 것입니다. 그러나 그들은 하나님의 도성을 바라보며 살았습니다. 하나님께서도 이런 자들에게 하나님으로 불리는 것을 수치로 생각하지 않으시고 하늘에 그들을 위한 도성(영원한 거주지)을 만들어 주셨습니다."

믿음의 사람들은

믿음을 가진 사람은 어떻게 살았을까요? 믿음이 있는 것과 없는 것의 차이점이 무엇이라고 생각합니까? 이는 인생관에서 차이가 있습니다. 예수님을 믿기 전에는 이 세상이 목표이며 소망이지만, 예수님을 믿고 나면 바라보는 시야가 달라지게 되는 것입니다

인생이 나그네임을 확인하며 살았다

나그네라는 뜻을 국어사전에서 찾아보면 ① 제 고장을 떠나서 딴 곳에 가 있는 사람, ② 여행 중에 있는 사람, ③ 정처 없이 떠도는 사람이란 뜻이 있습니다.

믿음의 사람들은 한결같이 자신이 나그네라고 말하고 있습니다. 믿음의 조상 아브라함도 자신이 나그네라고 고백하였습니다. 아브라함이 그의 아내 사라가 죽은 후에 헷 족속에게 "나는 당신들 중에서 나그네요 거류하는 자이니"(창 23:4)라고 고백합니다.

이삭의 아들 야곱도 애굽의 바로에게 "내 나그네 길의 세월이 백삼십 년이니이다 나의 나이가 얼마 못되니 우리 조상의 나그네 길의 연조에 미치지 못하나 험악한 세월을 보내었나이다"(창 47:9)

그 외에 다윗도 자신을 나그네라고 고백하였으며(시 39:12), 바울 사도는 "우리의 시민권은 하늘에 있다"고 빌립보서 3장 20절에서

고백하고 있습니다. 베드로도 "나그네와 행인 같은 우리" 라고 하였습니다. 이처럼 믿음의 사람들은 자신이 나그네라고 고백하고 살았습니다. 고백하며 산다는 것은 자신을 확인하는 가장 좋은 방법입니다.

나그네는

나그네는 현재에 집착하지 않는다

나그네는 주어진 현재 일에 충실하지만 현재에 매달리지 않습니다. 현재의 모든 일은 내일을 위한 준비에 불과하기 때문입니다. 나그네가 지나가는 길에 너무 큰 미련을 둔다면 그는 계속적으로 여행을 할 수 없습니다.

그리스도인들은 세상이라는 순례의 길을 지나면서 세상에 너무 미련을 두어서는 안 됩니다. 하룻밤 묵고 가는 호텔 정도로 생각하면 좋을 것입니다. 호텔에 투숙한 사람이 호텔에 있는 물건과 시설이 너무 좋아서 오랫동안 묵으려고 할 사람은 없는 것입니다. 잠시 지나가는 이 세상에 너무 애착을 두면 즐거운 여행을 할 수 없을 뿐 아니라 본향에 대한 애착심이나 그리움이 없어지고 맙니다.

성경은 세상에 애착심을 가지고 사는 사람들에게 이렇게 말씀하고 있습니다. “형제들아 내가 이 말을 하노니 그 때가 단축하여진 고로 이 후부터 아내 있는 자들은 없는 자 같이 하며 우는 자들은 울지 않는 자 같이 하며 기쁜 자들은 기쁘지 않는 자 같이 하며 매매하는 자들은 없는 자 같이 하며 세상 물건을 쓰는 자들은 다 쓰지 못하는 자 같이 하라 이 세상의 외형은 지나감이니라”(고전 7:29-31)

나그네는 올바른 소유 개념을 가지고 산다

세상 사람들은 계속해서 움켜쥐려고만 합니다. 자신에게 주어진 것들을 언제까지 움켜쥐려고만 합니다. 자신이 가진 것이 자신의 손에서 벗어날 때 슬퍼하고 분해합니다. 그러나 자신이 나그네임을 아는 자는 슬픔을 최소화 할 수 있습니다. 언젠가는 세상에서 얻은 것 모두를 버리고 가야 한다는 의식이 있는 사람은 마음을 열고 살 수 있고, 호주머니를 열어 놓고 살 수 있습니다. 마음의 여유를 가지고 살 수 있습니다. 알고 보면 욕심이라는 굴레 때문에 고생하는 사람도 자신이 나그네임을 인식하는 순간 욕심의 굴레를 떨쳐버릴 수가 있는 것입니다.

욥은 순식간에 찾아온 비극으로 사랑하는 자녀들과 재산을 모두 잃었습니다. 이 비극적인 현장에서 욥은 슬픔을 이기지 못하면서도 멋있는 고백과 함께 슬픔을 잘 이기고 있습니다. “내가 모태에서 알몸으로 나왔사온즉 또한 알몸이 그리로 돌아가올지라 주신 이도 여

호와시오 거두신 이도 여호와시오니 여호와의 이름이 찬송을 받으실지니이다" (욥 1:21)

사람들은 없어도 되는 것을 귀하게 여깁니다. 하나님은 구하고 염려하기 전에 필요한 것은 다 주십니다. 먹을 것, 마실 것, 공기, 햇빛, 땅 등 없어도 되는 것이 얼마나 귀하게 보입니까? 부족함이 없는 에덴동산에서 아담과 하와는 안 먹어도 되는 선악과를 먹고 싶어 하다가 그들이 겪은 고통과 후대에 끼친 영향이 얼마나 많습니까? 필요 이상의 것을 구하는 사람들 때문에 세상이 복잡합니다.

나그네는 자신에게 주어진 삶을 충실하게 살아야 하지만, 현재의 소유가 영원한 것이 아니기에 포기할 각오를 하고 살아야 합니다. 여행하는 기간에 눈에 보이는 것 모두를 소유하기를 원한다면 이는 자신에게 비극을 초래할 수밖에 없을 것입니다.

나그네 인생을 사는 여러분 욕심내지 마세요. 육체의 정욕을 버려야 합니다. 하나님은 베드로의 입을 빌어 이렇게 말씀하셨습니다. "사랑하는 자들아 거류민과 나그네 같은 너희를 권하노니 영혼을 거슬러 싸우는 육체의 정욕을 제어하라" (벧전 2:11) "우리가 세상에 아무 것도 가지고 온 것이 없으매 또한 아무 것도 가지고 가지 못하리니 우리가 먹을 것과 입을 것이 있은즉 족한 줄로 알 것이니라" (딤전 6:7,8)

나그네는 간편한 복장이 좋다

나그네에게 짐이 많다는 것은 괴롭습니다. 여행 중에 많은 짐을 가져가는 사람은 없습니다. 나그네는 미련을 떨쳐버리는 결단과 지혜가 필요합니다. 외국에 나가면 한국 사람이 앞뒤 가리지 않고 많은 것을 산다고 하여 한국인들의 인기가 대단하다고 합니다. 그러나 입국하는 사람이 많은 물건을 사가지고 들어오면서 같이 여행하는 사람들에게 이것저것 맡기는 것은 과히 좋은 모습이 아닙니다.

나그네는 세상 것으로 자랑하지 않는다

길가다가 얻은 것은 모두 지나가는 것에 불과합니다. 그곳에 머무는 동안 잠시 빛날 뿐이지 그곳을 지나면 지나간 추억에 불과하기 때문입니다. 권력이나 명예, 돈, 이 모두는 지나갑니다. 예수님을 믿기 전에 세상의 모든 명예와 지식과 부를 누렸던 사람들의 고백은 한결같습니다. "꿈같다."는 것입니다. 세상에서 최고의 부를 누렸던 솔로몬도 모든 것이 다 헛되다고 고백하지 않았습니까?

바울은 십자가를 사랑한다고 하였습니다. 십자가는 영원한 하늘나라를 가르쳐 주기 때문입니다. 또 십자가는 영원한 삶의 진리를 깨우쳐 주고 나그네 삶의 의미와 보람을 가르쳐 줍니다.

나그네는 가는 곳마다 환영받지 못해도 실망하지 않는다

귀하게 자란 사람이나 최고의 대우를 받고 자란 사람은 자기 기분대로 행동하여 다른 사람들에게 고통을 줍니다. 왜입니까? 이는 자신을 환영하고 인정해 주지 않으면 실망하고 분노하고 미워하기 때문입니다. 지나가는 사람들은 큰 인정을 받지 못해도 실망할 필요가 없습니다. 거기가 삶의 목적지가 아니기 때문입니다. 그리스도인들이 어디를 가나 환영 받는 것은 아닙니다. 환영 받기만을 원한다면 하나님의 일을 할 수 없습니다. 핍박도 모욕도 있습니다. 이 사실을 누구보다도 잘 아신 예수님은 "너희가 세상에 속하였으면 세상이 자기의 것을 사랑할 것이나 너희는 세상에 속한 자가 아니요 도리어 내가 너희를 세상에서 택하였기 때문에 세상이 너희를 미워하느니라" (요 15:19)고 말씀하셨습니다. 목적지가 어디냐에 따라 삶의 스타일은 다를 수밖에 없습니다. 이 세상이 전부인 것처럼 사는 사람과 영원한 목적지를 알고 있는 사람과의 삶은 다를 수밖에 없습니다. 우리는 모두 나그네입니다. 가는 곳마다 우리를 대우해 주고 환영해 주기를 기대하지 맙시다. 어떤 일이 있어도 실망하지 맙시다.

나그네 길을 확인하며 길을 가야 한다

나그네는 옮겨 다니는 사람입니다. 그러므로 다음에 도착할 곳을 바로 찾아가기 위해 자주 물어야 합니다. 계속 옮겨 다녀야 하는 나그네이기에 옮겨 다닐 준비를 하며 살아야 합니다. 지금까지 얼마나 옮겨 다녔습니까? 왜 집을 장만합니까? 이사 다니기 싫어서입니까? 인생에 있어 죽음은 마지막 이사입니다. 마지막 이사를 위해 준비하고 있습니까? 내일이면 늦습니다. 그 준비는 오늘 해야 합니다. 사람은 온전한 하루를 자신하고 살 수 없습니다. 솔로몬의 고백을 기억하십니까? "너는 내일 일을 자랑하지 말라 하루 동안에 무슨 일이 일어날는지 네가 알 수 없음이니라"(잠 27:1) 야고보도 이런 말씀을 했습니다. "내일 일을 너희가 알지 못하는도다 너희 생명이 무엇이냐 너희는 잠깐 보이다가 없어지는 안개니라"(약 4:14)

나그네는 돌아갈 본향을 사모하며 살아간다

만나고 싶은 사람이 살고 있는 고향이 있는 사람의 삶은 다릅니다. 힘 있고 생기가 넘칠 수밖에 없습니다. 다시 말해서 소망이 있습니다. 그러므로 돌아갈 고향이 없는 사람은 가장 큰 기쁨을 빼앗긴 것입니다. 고향에 가고 싶어도 갈 수 없는 사람을 실향민이라고 합니다. 고향을 그리워하지 않는 사람은 없습니다. 옛 말에 "토끼가 온 산을 뛰어다녀도 돌아갈 곳은 옛 굴이라" 고 합니다. 젊었을 때 이리저리 돌아다니던 사람도 나이 먹으면 자기 고향을 그리워하며 돌아가고 싶어 합니다. 인생은 나그네입니다. 인간의 고향은 어디입니까? 세상의 고향도 그리워한다면 인간이 영원히 돌아가야 할 본향도 사모해야 합니다.

본문에는 믿음의 사람들은 본향을 찾았다고 했습니다. 바울 사도는 여기에 대해 분명하게 고백하고 있습니다. "우리의 시민권은 하늘에 있는지라"(빌 3:20) 바울은 이 땅이 영원히 거할 본향이 아닌 것을 알았습니다.

나그네는 본향을 향해서 투자해야 한다

어리석은 나그네는 지나가는 길에다 투자하지만 지혜로운 나그네는 일시적인 거주지를 위해 많이 투자하지 않습니다. 영원한 귀향지를 향해 투자하는 것입니다. 믿음의 조상인 아브라함은 커다란 집이 없었습니다. 그는 장막에 거하면서 언제든지 옮길 준비를 하였습니다. 계속해서 옮기는 나그네였기 때문입니다.

그러나 나그네 길에는 유혹도 있습니다. 본향에 대한 생각을 포기하도록 하는 여러 가지 유혹이 있습니다. 여기서 머물러 영원히 함께 살자는 유혹입니다. "그들이 나온 바 본향을 생각하였더라면 돌아갈 기회가 있었으려니와 그들이 이제는 더 나은 본향을 사모하니 곧 하늘에 있는 곳이라"(히 11:15-16). 인간은 현재의 만족에만 빠져서 살 수 없습니다. 내일이 있습니다. 천국에 대한 소망을 가진 자는 삶을 순결하게 삽니다. 천국에 대한 소망은 사람을 용기 있게 만들어 생을 위대하게 만듭니다.

하나님은

하나님은 나그네의 삶을 산 사람들을 자랑스럽게 여기시고 준비된 성을 주셨습니다.

하나님도 이들을 자랑스럽게 여기시고(16절)

"하나님이 그들의 하나님이라 일컬음 받으심을 부끄러워하지 아니하시고"(16절) 하나님은 아브라함, 이삭, 야곱의 하나님이라고 불리워지는 것을 기뻐하셨습니다. 이처럼 본향을 사모하며 나그네 인생을 충실하게 산 사람을 자랑스럽게 여기실 것입니다. 하나님은 사람들이 이 세상에서 나그네의 삶을 잘 마치고 본향에 돌아왔을 때 흐뭇한 마음으로 자랑스럽게 여기실 것입니다.

준비된 성을 주셨다(16절)

"그들을 위하여 한 성을 예비하셨느니라"(16절) 여기서 한 성은 하나님의 손으로 지은 성입니다. 이 곳은 하나님의 도성입니다(계 21:2,10). 그리고 하나님의 나라로 믿는 자들이 가는 거처를 가리킵니다. "너희는 마음에 근심하지 말라 하나님을 믿으니 또 나를 믿으라 내 아버지 집에 거할 곳이 많도다 그렇지 않으면 너희에게 일렀으리라 내가 너희를 위하여 거처를 예비하러 가노니 가서 너희를 위하여 거처를 예비하면 내가 다시 와서 너희를 내게로 영접하여 나 있는 곳에 너희도 있게 하리라" (요 14:1-2)

여러분도 본향을 바라보며 꿈이 있는 나그네의 삶을 사십시오. 인생의 가치를 느낄 수 있는 삶은 나그네 된 인생임을 깨달은 자만이 소유할 수 있는 진리입니다. 여러분은 이 본향을 발견하셨습니까? 예수님을 믿으십시오. 예수님을 구주로 영접하는 순간 영원한 본향은 여러분의 것입니다. 인생은 나그네입니다.

당신은 돌아갈 본향이 있습니까?
본향에 대한 기대감으로 살아가고 있습니까?

"나그네들이여 말하라
무엇 때문에
미지의 길을 향해
나아가고 있는가?
이곳에서 그대들은 어느 곳으로 가려 하는가?
그대들은 어느 곳에서 왔는가?"

- 트랩 -

너무도 가까웠던 두 사람

누가복음 23:39-43

39 달린 행악자 중 하나는 비방하여 이르되 네가 그리스도가 아니냐 너와
우리를 구원하라 하되
40 하나는 그 사람을 꾸짖어 이르되 네가 동일한 정죄를 받고서도 하나님
을 두려워하지 아니하느냐
41 우리는 우리가 행한 일에 상당한 보응을 받는 것이니 이에 당연하거니
와 이 사람이 행한 것은 옳지 않는 것이 없느니라 하고
42 이르되 예수여 당신의 나라에 임하실 때에 나를 기억하소서 하니
43 예수께서 이르시되 내가 진실로 네게 이르노니 오늘 네가 나와 함께 낙
원에 있으리라 하시니라

너무도 가까웠던 두 사람

예수께서 십자가에 달려서 고통을 당하고 계시는 갈보리 언덕에는 또 다른 두 사람이 십자가에서 고통을 당하고 있었습니다. 그들은 강도짓을 한 행악자로 예수님의 좌우편에서 손과 다리에 박힌 큰 못에 온 몸을 의지하며 피눈물을 흘리며 고통스러워하고 있었습니다. 사람은 이들처럼 언제나 절박하고 죽음을 눈앞에 두지는 않지만 언제 이런 일이 다가올지 아무도 모르는 것입니다.

불의의 사고를 당해 죽어간 많은 이들은 자신의 죽음이 갑자기 그렇게 찾아올 줄은 아무도 몰랐을 것입니다.

이 두 사람의 고통도 삶에 대한 결과이며 대가이지만, 이렇게 죽을 것이라고 생각하지 않고 무책임하게 삶을 산 것입니다. 십자가 위에서 죽어 가면서도 다시 살 수 있는 방법이 없을까? 라고 생각하고 있는 한 강도는 죄로부터 탈출은 하고 싶었으나 죄에 대한 불감증에 걸린 사람입니다.

어쩌면 오늘날 현대인과 같습니다. 죄에 대한 대가를 받기로 작정하고 죽은 이후에 주어지는 영원한 삶에 대한 관심을 가진 한 강도의 모습은 대조를 이루고 있습니다.

이 두 사람은 자신들의 범죄에 대해 잘 알고 있었습니다. 41절에서 "우리는 우리가 행한 일에 상당한 보응을 받는 것이니" 라고 말하고 있는 것을 통해 우리에게 주시고자 하는 메시지의 내용을 살펴보도록 합시다.

사람은 그리스도 앞에서 모두 죄인이다(39절)

"네가 그리스도가 아니냐 너와 우리를 구원하라" (39절) 사람들이 싫어하는 말 중에 하나는 "너는 나쁜 놈이야. 죄인이야." 이런 말입니다. 죄를 짓고도 다른 사람의 손가락질 받는 것이 두려운 것이 사람의 마음입니다. 그러나 죄를 짓지 않는 사람은 한 사람도 없습니다.

신약성경에 나온 죄라는 단어는 다섯 가지로 분류해 보면 다음과 같은 뜻이 있습니다. ① 오페일레마 -빚진다(마 6:12). ② 하마르티아 -과녁을 빗나가다(눅 11장). ③ 파랍토마 -미끄러진다(고후 5: 19, 엡 1:7). ④ 아이티아 -불법(요 18:38), ⑤ 파라바이스 -탈선(딤전 2:14) 이라는 뜻입니다.

독일의 신학자 몰트만이라는 분은 죄에 대한 정의를 이렇게 하고 있습니다. ① 옳은 것인 줄 알면서 단념하는 것이 죄다. ② 아무 것도 하지 않는 것이 죄다. ③ 하나님이 인간에게 원하시는 것을 하지 않는 무관심이 죄다.

"이웃을 업신여기는 자는 죄를 범하는 자요 빈곤한 자를 불쌍히 여기는 자는 복이 있는 자니라"(잠 14:21) 이웃을 향한 잘못된 마음 가짐도 죄라고 말씀합니다. "그러므로 사람이 선을 행할 줄 알고도 행하지 아니하면 죄니라"(약 4:17) 일반적인 인간관계에서 일어나는 미움, 시기, 질투까지도 죄라는 사실을 깊이 인식하며 사는 사람은 많지 않습니다. "빛 가운데 있다 하면서 그 형제를 미워하는 자는 지금까지 어둠에 있는 자요"(요일 2:9) 여기에서 어둠은 죄 가운데 있는 것을 의미합니다. 겉으로 드러난 죄만 죄가 아닙니다. 마음으로 범하는 것도 죄임을 알아야 합니다.

어느 집 주인이 종을 불러 방을 청소하라고 하였는데 얼마 후에 와서 보니 여전히 먼지가 많아서 종을 불러 왜 청소를 하지 않았느냐고 책망을 합니다. 종이 이렇게 변명하였습니다. "제 탓이 아니라 햇빛이 들어와서 먼지를 밝히 보여 주니 청소를 안 한 것처럼 보이는 것입니다." 하나님께서 인간을 보신다면 인간은 장말 먼지(죄) 투성이가 아닐까요?

사람은 죄로부터 구원받기를 원하는 심리가 있다(39절)

"너와 우리를 구원하라"(39절)

빨리 우리를 구원해 달라는 간절함과 탈출하기를 원하는 절규입니다. 물에 빠진 사람은 어떤 방법을 다 동원해서라도 물속에서 나오려고 합니다. 죄를 지은 사람도 그 죄의 사슬로부터 벗어나기를 원합니다. 어떤 대가를 지불해서라도 죄로부터 탈출하고 싶어 합니다. 그러나 인간은 그 어떤 방법으로도 탈출 할 수가 없습니다. 죄의 흔적을 지울 수가 없기 때문입니다.

자연의 거대한 바위는 과거의 흔적을 제시해 줍니다. 어떤 지역에는 거대한 사암이 있는데 이 사암을 보면 소나기가 어떤 방향에서부터 왔는지까지 알 수 있다고 합니다. 죄도 이처럼 너무나 뚜렷한 흔적을 남겨 놓습니다. 더욱이 중요한 사실은 하나님은 모든 것을 기억하시기에 개개인의 죄를 다 기억하고 계시다는 사실입니다. 그러나 사람들은 자신의 죄가 드러나지 않을 것이라고 스스로 위로합니다. 그러나 반드시 드러난다는 사실을 기억해야 합니다.

성경은 사람의 생각과 하나님의 생각이 다름을 분명하게 기록하고 있습니다. 인간의 생각("그가 스스로 자랑하기를 자기의 죄악은 드러나지 아니하고 미워함을 받지도 아니하리라 함이로다"-시 36:2)과 하나님의 생각("주께서 우리의 죄악을 주의 앞에 놓으시며 우리의 은밀한 죄를 주의 얼굴 빛 가운데에 두셨사오니"-시 90:8)은 다릅니다.

사람은 누구나 자신에게 다가올 죄의 대가가 있음을 알고 있다(40절)

“하나는 그 사람을 꾸짖어 이르되 네가 동일한 정죄를 받고서도 하나님을 두려워하지 아니하느냐?”(40절)

죄를 지은 사람은 아무 일도 없을 것이라고 스스로 위안을 하지만 그 내면 깊숙한 곳에는 죄에 대한 결과를 두려워하고 있는 것이 공통적인 마음입니다.

입으로는 애써 부인해도 마음속으로는 하나님의 심판을 두려워하는 것입니다. 죽어가는 사람들 대부분은 사는 동안 그렇게 하나님에 대해 거부하던 사람들까지도 자신은 죄를 많이 지어 좋은 곳에 갈 수 없다고 말합니다.

구원받는 사람

자신의 죄를 인정함

“우리는 우리가 행한 일에 상당한 보응을 받는 것이니 이에 당연하거니와”(41절)

이 세상의 모든 사람은 죄가 있습니다. 그러나 죄의 문제를 해결하고 죽음을 맞이하는 사람이 있고, 죄 문제를 해결하지 못한 채 죽는 사람이 있습니다.

바로 십자가에 달린 두 강도가 대표적인 모델입니다. 한 편 강도는 자신의 죄에 대해 생각조차 하지 않고 있습니다. 그는 평소와 다름없는 모습으로 예수님께 말을 걸고 있습니다. "네가 그리스도가 아니냐 너와 우리를 구원하라"(39절)

어떻게 해서든지 위기를 모면해 보려는 생각만이 이 사람의 머리를 꽉 채우고 있을 뿐입니다. 그러나 또 다른 강도는 전혀 다른 모습을 보이고 있습니다. "그 사람을 꾸짖어 이르되 네가 동일한 정죄를 받고서도 하나님을 두려워하지 아니하느냐"(40절)

이 강도에게 나타나는 두 가지 특징이라면 ① 범죄에 대한 솔직한 인정 ② 하나님에 대한 두려움으로 나타나고 있습니다. 하나님은 죄에 대해 추궁하십니다. 이 사실을 우리는 알아야 합니다.

구원받은 강도는 자신이 죄인이며 죄에 대한 대가를 받아야 한다는 사실을 인정한 것입니다.

예수님을 구원자로 인정함

"이 사람이 행한 것은 옳지 않는 것이 없느니라"(41절)

구원받은 강도의 고백 속에는 중요한 진리가 포함되어 있습니다. "이 사람이 행한 것은 옳지 않는 것이 없느니라"(41절) 이는 죄 없으신 분만이 구원자가 될 수 있음을 가리키는 내용입니다. 헬라어에서의 뜻은 "이 사람은 절대적으로 틀린 것이 없다"는 고백입니다. 물에 빠져서 허우적거리는 사람끼리 서로를 구원 해 줄 수 없듯이 죄인들은 서로의 문제를 해결해 줄 수 없습니다. 완전하게 의로우신 주님은 죄인을 대신해서 십자가에 달리신 것입니다. 요한일서 3장 5절은 이렇게 말합니다. "그가 우리 죄를 없애려고 나타나신 것을 너희가 아나니 그에게는 죄가 없느니라"

사도바울은 고린도 후서 5장 21절에서 소리칩니다. "하나님이 죄를 알지도 못하신 이를 우리를 대신하여 죄로 삼으신 것은 우리로 하여금 그 안에서 하나님의 의가 되게 하려 하심이라"

십자가 위에 있는 예수님을 보십시오. 왜 예수님이 십자가에 달리셨을까요? 바로 죄를 짓고 죽어가는 이 죄인을 위해 죽어가고 계시는 것입니다.

사람들은 말로서 위로하고 구원해주려고 하지만 예수님은 자신이 십자가에 죽으신 구체적인 행동으로 우리를 구원하신 분입니다.

하나님의 나라가 있음을 인정함

"당신의 나라에 임하실 때에 나를 기억하소서"(42절)

하나님 나라에 대한 믿음의 고백이 있습니다. "당신의 나라에 임하실 때에 나를 기억하소서"(42절) 이 강도는 하나님의 나라를 믿고 있습니다. 하나님의 나라가 있다는 사실을 믿고 있는 것입니다.

죽어가고 있는 사람의 입에서 하나님 나라에 대한 고백이 나오고 있습니다. 이는 인생이 죽음으로 모든 것이 끝나지 않는다는 사실을 보여주고 있습니다.

죽은 이후에 예수님이 자신을 알아주기를 원함

"당신의 나라에 임하실 때에 나를 기억하소서"(42절)

이 강도에게는 소박한 소원이 있습니다. 다만 하나님 앞에서 자신이 알려지기를 원하고 있습니다.

하나님 나라에 들어가 주님이 알아주기만을 원하는 간절한 열망이 이 청년이 천국에 들어갈 수 있었던 이유입니다. "나는 당신이 죄 없는 분으로 오셔서 나의 죄 때문에 죽는다는 사실을 믿고 있습니다. 당신의 나라에서 나를 기억해 주소서" 사람들에게 이런 열망이 있다면 예수님을 믿지 않을 사람이 없을 것입니다.

예수님의 답변

"진실로 네게 이르노니 오늘 네가 나와 함께 낙원에 있으리라 하시니라"(43절)

예수님을 멸시하며 조롱하던 강도의 "네가 그리스도가 아니냐 너와 우리를 구원하라"는 야유 섞인 비방에도 불구하고 예수님은 침

묵하셨습니다. 요한복음 9장 31절은 말합니다. “하나님은 죄인을 듣지 아니하신다.” 죄인의 소리는 하나님께 들리지 않습니다.

그러나 회개하는 강도를 향해 주님은 고개를 돌리십니다. 그리고 말씀하십니다.

예수님께서 함께 할 것을 알려 주심

회개한 강도를 바라보시며 “진실로 네게 이르노니 오늘 네가 나와 함께 낙원에 있으리라”(43절) 회개한 자와 함께 하시겠다고 약속하십니다. 누구와 함께 하느냐 하는 것은 세상 사람들의 관심입니다. 주님과 함께 하는 삶이 영원히 계속될 것임을 약속하고 있습니다.

“볼지어다 내가 문 밖에 서서 두드리노니 누구든지 내 음성을 듣고 문을 열면 내가 그에게로 들어가 그와 더불어 먹고 그는 나와 더불어 먹으리라”(계 3:20)

귀한 분, 좋은 분, 너무나 완벽하고 사랑이 많은 분과의 영원한 삶이 바로 천국에서의 삶입니다. 사람들은 그런 사람을 만나기를 원합니다. 그러나 세상 사람들은 언제나 결점이 있습니다. 가까이서 보면 약점이 많습니다. 그래서 산과 사람은 멀리서 보아야 멋있게 보이지만 주님은 직접 함께 있어야 그분과 함께 함이 얼마나 큰 기쁨이며 영원한 행복임을 알게 되는 것입니다.

낙원에 들어갈 것을 알려 주심

“오늘 네가 나와 함께 낙원에 있으리라”(43절) 여기서 낙원은 천국입니다. 구원은 회개할 때 즉시 이루어지는 것입니다. “보라 지금은 은혜 받을 만한 때요 보라 지금은 구원의 날이로다”(고후 6:2) 하나님의 구원은 강도가 회개하고 예수님을 구주로 영접한 즉시 이루어졌습니다. 하나님의 결제는 지금 이 시간에 이루어집니다. 사람들은 내일 하겠다고 미루지만 하나님은 당장 하시는 것입니다. 회개하는 자에게는 과거를 묻지 않습니다. 그 즉시 하나님의 나라에 들어갈 자녀로 삼으시는 것입니다. 회개한 강도는 아침은 마귀와 먹었지만 저녁식사는 주님과 함께 낙원에서 즐긴 것입니다. 예수 그리스도는 회개하는 자들에게 낙원을 약속하십니다. 어떤 죄를 지었을지라도 그 즉시 결재해 주시는 것입니다. 다른 결제는 늦게 하실지라도 돌아오는 탕자를 그 즉시 반아준 아버지처럼 구원에 대한 결제는 바로 즉시 해 주시는 분이십니다.

너무나 가까웠던 두 강도는 이제 너무 멀어졌다

이것이 믿음과 불신의 거리입니다. 두 강도는 함께 식사를 했고 함께 일을 했으나 다시는 만날 수 없는 곳으로 헤어지고 말았습니다. 이것이 바로 천국과 지옥의 차이입니다.

성경은 말씀합니다. “두 사람이 밭에 있으매 한 사람은 데려가고 한 사람은 버려둠을 당할 것이요 두 여자가 맷돌질을 하고 있으매 한 사람은 데려가고 한 사람은 버려둠을 당할 것이니라 그러므로 깨어 있으라"(마 24:40-42)

회개한 강도와 예수님을 조롱한 강도와의 간격은 다시는 좁힐 수가 없습니다.

그는 수많은 사람 앞에서 고백하고 있습니다. "당신의 나라에 임하실 때에 나를 기억하소서"(42절) 신앙고백은 주님 앞에서 하는 것입니다. 누구의 눈치를 보면서 고백하는 것이 아닙니다. 자신을 죄인이라고 조롱하는 군중들 앞에서 그는 부끄러워하지 않고 하늘과 땅을 향하여 담대하게 고백한 것입니다. 수많은 사람 앞에서 담대하게 고백하고 있습니다. 그에게 주님은 분명하게 약속하셨습니다. "내가 진실로 네게 이르노니 오늘 네가 나와 함께 낙원에 있으리라"(43절)

사랑하는 여러분! 하나님은 사람들이 모두 외면하고 침 뱉으며 저주하는 강도까지 껴안아 주셨습니다. 오늘 우리는 그 사랑 때문에 하나님의 자녀가 되었습니다. 주님의 사랑은 지금도 계속되고 있습니다. 그분은 이 시간 우리와 함께 계십니다.

아직도 주님을 구세주로 믿지 않으신 분이 있습니까? 이 시간 주님을 여러분의 구주로 믿으십시오. 그 분을 당신의 구주로 마음에 모시고 싶으십니까? 믿고 싶습니까? 그러면 마음속으로 고백하십시오. "예수님 저도 강도처럼 고백하려고 합니다. 저는 죄인입니다. 예수님 당신의 나라에 임하실 때에 저를 기억해 주세요."

"주 예수님 나는 당신을 믿고 싶습니다. 십자가에 죽으심으로 내 죄 값을 담당하시니 감사합니다. 지금 나는 내 마음의 문을 열고 예수님을 나의 구주 나의 하나님으로 영접합니다. 나의 죄를 용서하시고 영생을 주심을 감사합니다. 나를 다스려 주시고 나를 주님이 원하시는 사람으로 만들어 주옵소서. 예수님의 이름으로 기도합니다."

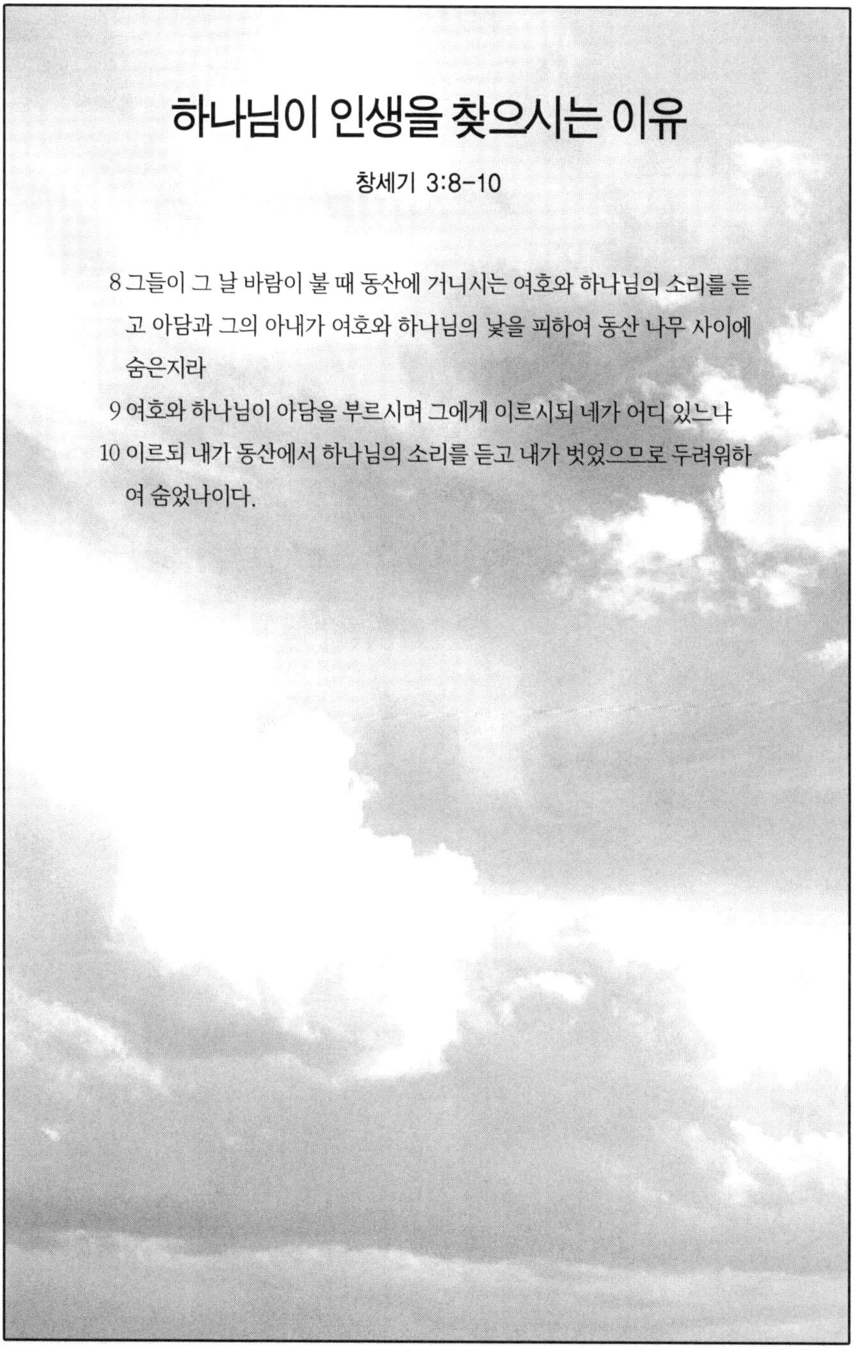

하나님이 인생을 찾으시는 이유

창세기 3:8-10

8 그들이 그 날 바람이 불 때 동산에 거니시는 여호와 하나님의 소리를 듣
고 아담과 그의 아내가 여호와 하나님의 낯을 피하여 동산 나무 사이에
숨은지라
9 여호와 하나님이 아담을 부르시며 그에게 이르시되 네가 어디 있느냐
10 이르되 내가 동산에서 하나님의 소리를 듣고 내가 벗었으므로 두려워하
여 숨었나이다.

하나님이 인생을 찾으시는 이유

예수를 믿는 사람들이 왜 끈질기게 예수를 믿어야 된다고 말합니까? 사람들은 사생활이 침범당하는 것을 원하지 않습니다. 그러나 사생활 보다 중요한 것이 생명이요, 인간 본연의 자세로 돌아가는 것입니다. 인간이 무엇 때문에 살며 어디로 갈 것인지 조차 모른다면 이는 비극이 아닐 수 없습니다.

일본에 있던 어떤 절은 어느 날 갑자가 땅바닥을 뚫고 솟아나온 용암의 강한 폭발로 땅속 1800미터 지점으로 파묻히고 말았다고 합니다. 그런데 지글지글 끓고 있는 용암을 향해 한 어린이가 걸어가고 있었습니다. 이 때 어린이의 사생활을 침범하지 않고, 어린이의 의사를 존중해 주기 위해 방관해야 합니까? 아니면 생명을 구원하기 위해 그 길을 차단하고 방향을 바꾸는 일에 참여해야 합니까? 체면보다 귀한 것이 생명입니다. 예절보다 중요한 것이 생명의 구원입니다.

죽음의 위기 앞에 있는 사람을 보면서도 방관한다면 큰 죄악이 아닐 수 없습니다. 오늘 본문에 죄를 짓고 방황하고 있는 인류 최초의 가정을 통해 하나님께서 우리에게 말씀하시고자 하는 사랑의 음성을 듣기를 원합니다.

선악과를 따먹은 아담과 하와

인생의 죄는 욕심에서부터

사람들의 모든 죄는 작은 것에서부터 시작됩니다. 부부싸움도 거의 대부분 조그마한 욕심 때문입니다. 선악과를 먹지 않으면 어떻습니까? 없어도 되는 것을 귀하게 여기므로 인간이 당하는 고통은 너무도 큽니다. 하나님은 인생이 필요한 것은 반드시 주십니다. 구하기 전에 이미 아시기 때문입니다. 먹을 것, 마실 것, 공기, 햇빛 등 인생에게 절대로 필요한 것은 반드시 주십니다.

하나님은 완벽한 공급자이십니다. 이미 인생의 필요를 다 아십니다. 그런데 사람의 눈에는 별로 귀하지 않은 것이 귀하게 보여서 서로 가지려고 싸웁니다. 부족한 것이 없었던 에덴동산에서 안 먹어도 되는 선악과 때문에 범죄자가 되고 만 것입니다. 그들이 당한 고통과 후대에 끼친 괴로움이 얼마나 많습니까?

범죄 한 부부의 마음 상태

하나님의 낯을 피하여 숨었다

죄 지은 자는 하나님을 만나기 꺼려합니다. 두문분출 혼자만 있으려 합니다. 만남에 대한 두려움은 아담과 하와의 범죄로부터 시작된 것입니다. 범죄는 하나님과 인간의 관계를 깨뜨렸고 인간과 인간과의 관계도 파괴되어 서로 불신하게 되었습니다. 언제나 범죄한 편에서 피하려고 합니다. 멀리 떠나고 싶고 함께 있는 형제들과 멀어지고 싶다면 이는 자신에게 영적인 변화가 있기 때문입니다. 죄는 하나님과의 교제를 단절시킵니다. 죄가 들어오기 전에는 하나님과 온전한 교제를 즐겼습니다. 가정도 죄의 씨앗이 들어오면 불신하고 미워합니다.

언제나 하나님과 교제하는 삶이 되도록 합시다. 죄악의 유혹을 과감하게 물리칩시다. 하나님과의 교제가 끊어진 아담 부부의 초라함을 보십시오. 하나님의 음성을 듣고 숨어야 하는 그들은 얼마나 괴로웠겠습니까?

비본질적인 것에 심취하지 말자

어떤 이는 매일 싸우는 사람이 있습니다. 지지 않으려고 싸웁니다. 양보하고 이해합시다. 그리고 포기합시다. 어린아이들은 비본질적인 것, 다시 말해서 별로 중요하지 않은 것을 가지고 싸웁니다. 형제들이여, 부부들이여, 무엇이 중요한 것인지 무엇을 위해 살아야 할 것인가를 좀 바로 압시다. 아담과 하와처럼 선악과에 유혹되어 에덴동산과 같은 행복을 누릴 수 있는 장소에서 쫓겨나는 일이 없기를 바랍니다. "너희는 먼저 그의 나라와 그의 의를 구하라 그리하면 이 모든 것을 너희에게 더하시리라" (마 6:33)

중요한 것이 무엇인지 발견하자

왜 하나님께서는 한 해를 우리에게 주실까요? 이유가 있을 것입니다. 하나님께서 왜 아담과 하와에게 에덴동산을 주셨을까요? 그들이 낙원의 기쁨을 누리기 원하셨기 때문입니다. 그들은 말씀에 순종하여 즐기기만 하면 되었습니다. 그런데 선악과를 중요하게 생각했습니다. 하나님이 멀리 하라고 한 것에 대한 호기심이 그들을 자멸하게 만들었습니다. 하나님은 우리에게 주신 것으로 기쁨으로 살기를 원하십니다. 그런데 인생은 계속해서 곁눈질을 합니다.

하나님이 어떤 분이신지 바로 알자

하나님은 사랑의 하나님이십니다. 하나님이 먼저 사랑하셨습니다. 그런데 인생은 사랑을 모릅니다. 이것이 인생의 비극입니다.

하나님은 인생을 위해 모든 것을 준비하시는 분이십니다.

하나님은 최고의 사랑으로 다가오셨습니다(외아들이신 예수님: "하나님이 세상을 이처럼 사랑하사 독생자를 주셨으니" -요 3:16). 하나님은 인생이 모든 행복을 누리기를 원하십니다. 그러나 인간은 하나님께서 주신 행복의 조건들을 변질시켰습니다. 하나님께서 세상을 창조한신 후 하신 말씀을 통해 하나님의 뜻을 알 수가 있었습니다.

"하나님이 그들에게 복을 주시며 하나님이 그들에게 이르시되 생육하고 번성하여 땅에 충만하라, 땅을 정복하라, 바다의 물고기와 하늘의 새와 땅에 움직이는 모든 생물을 다스리라 하시니라"(창 1:28)

하나님은 범죄한 아담과 하와를 찾으셨다

네가 어디 있느냐?

하나님은 아담과 하와의 모든 것을 아셨습니다

하나님은 아담과 하와의 모든 처지를 아셨습니다. 그들의 상황을 아셨습니다.

영국의 유명한 문인 찰스 램(1775~1834)이 잘 알고 지낸 사람 가운데 많은 사람들로부터 존경 받은 어떤 사람은 결혼을 하지 않고 혼자 살았습니다. 그 이유는 젊은 시절의 충격 때문이었다고 합니다. 청년 시절 한 여인을 깊이 사랑했습니다. 그는 그 여인에게 청혼하기 위해 그 여인을 향해 가고 있었습니다. 그는 분명히 자신의 청혼을 받아줄 것으로 믿었습니다. 그런데 그는 너무나 놀라운 일을 당하고 말았습니다. 그 집에 도착하여 문을 두드리니 하인이 나와서 아가씨가 당신을 만나지 않겠다고 한다는 것이었습니다. 그 청년은 마음에 깊은 상처와 좌절감을 안고 집으로 돌아와서 그 여인에게 편지를 썼습니다. 왜 자기를 만나주지 않았는지 그 이유를 말해 달라고 하였습니다. 그 여인으로부터 온 회답은 이런 것이었습니다. '나는 당신이 오는 것을 기다리며 창문을 내다보고 있었습니다. 당신이 오는 것을 보고 나는 기뻤습니다. 그런데 당신은 길에서 일을 하고 있던 여인을 밀치고 그냥 지나쳐 버렸습니다. 그 여인은 넘어졌으나 당신은 그 여인을 부축해 주지 않았습니다. 나는 그 때 당신은 내가 한 평생을 맡길 수 있는 남편이 될 수 없는 사람임을 알았습니다. 불쌍한 여인에게 친절을 베풀 수 없는 사람이라면 나에게도 사랑을 베풀 수 없는 사람이라고 느꼈기 때문입니다.'

이 사건 후 이 청년은 많은 반성을 하고 모든 사람에게 친절하고 관대하였다고 합니다. 여인이 창문을 통해 그 청년을 살피고 있었던 것처럼 하나님은 우리의 모든 행동과 생각마저도 다 살피고 계십니다.

하나님께 숨길 수 있는 것은 없습니다. 하나님은 도망가는 것을 좋아하지 않으십니다. 부족한 것이 있을수록 하나님께 더욱 가까이 나아가야 합니다.

세상 사람들은 약점을 보면 멀리하고 피하지만 하나님은 더욱 가까이 다가오시는 분이십니다. "오라 우리가 서로 변론하자." 하나님만이 인생의 치료자이시며 해결자이시기 때문입니다. 하나님은 이기적인 분이 아니십니다. 받으려고 눈이 벌건 세상을 향해 주님은 이해할 수 없는 하나님의 사랑을 주라고 하십니다.

성경은 말씀합니다. "하나님을 사랑하는 자 곧 그 뜻대로 부르심을 받은 자들에게는 모든 것이 합력하여 선을 이루느니라"(롬 8:28) 하나님을 사랑합시다. 비록 부족한 것이 많고 많은 죄를 지었을지라도 하나님은 돌아오는 것만으로도 좋아하십니다.

네가 어디 있느냐?
끝까지 사랑하시겠다는 하나님의 음성입니다

우리는 하나님의 음성을 잘 들어야 합니다. 부모가 자녀를 낳으면 그 자녀를 위해 온갖 것을 아끼지 않고 퍼부어 주면서도 하나님의 사랑은 왜 깨닫지 못하는지! 하나님의 사랑을 오해하고 이해하지 못하지만 하나님은 그들을 자녀라고 부르고 계시는 것입니다. 그리고 친히 아버지가 되어 주시겠다고 약속까지 하신 것입니다.

“우리는 다 양 같아서 그릇 행하여 각기 제 길로 갔거늘 여호와께서 우리 모두의 죄악을 그에게 담당시키셨도다”(사 53:6)

네가 어디 있느냐?

제자리로 돌아가라는 것입니다

숨어서 벌벌 떨고 있는 아담과 하와를 부르시는 주님은 그들에게 제자리로 돌아가라고 말씀하시고 계십니다. 왜 너희들이 나무 사이에 숨어 있느냐 그게 무슨 꼴이야 제자리로 돌아가라. 하나님은 그의 자녀들이 제자리로 돌아가 주어진 일에 충실하게 하지 못할 때에 “네가 어디 있느냐”고 부르십니다. 죄를 지었으면 잘못을 구해야 합니다. 그런데 그들은 도망을 치려고만 합니다. 이 세상은 용서하지 않아도 하나님은 용서하십니다. 용서받으면 됩니다. 그래서 하나님께 나아가 무릎을 꿇고 용서를 빌어야 합니다. 제자리에서 이탈 했다면 도망치지 말고 남편이 아내의 자리로, 그리스도인 본래의 위치로, 직분자는 직분자의 자리로 돌아갑시다.

인생의 비극은 잘못을 인정하지 않는 데에 있습니다.

아담과 하와는 범죄한 후 자신들의 잘못을 인정하지 않았습니다. 자신들의 자리로 돌아가지 않았던 것입니다. 아담(“하나님이 주셔서 나와 함께 있게 하신 여자 그가 그 나무 열매를 내게 주므로 내가 먹었나이다" -창 3:12)과 하와("뱀이 나를 꾀므로 내가 먹었나이다" -창 3:13)는 책임을 서로 전가했습니다.

"만일 우리가 우리 죄를 자백하면 그는 미쁘시고 의로우사 우리 죄를 사하시며 우리를 모든 불의에서 깨끗하게 하실 것이요" (요일 1:9)

네가 어디 있느냐?

무책임한 사람들에게 하신 말씀입니다

책임지지 않고 회피하려던 사람들, 유리할 때는 권리를 내세워 자신의 이익이나 위치를 확고하게 하기 위해 주장하고 요구하지만 자신에게 불리하면 꼬리를 빼버리는 사람들에게 하시는 말씀이기도 합니다.

요나는 하나님의 명령을 받고 니느웨로 가지 않고 다시스로 도망을 쳤습니다. 그는 배 밑창에서 잠을 자고 있었고 배는 풍랑으로 아수라장이 되었습니다. 배에 타고 있던 사람들은 그야말로 일촉즉발의 위기에서 비명을 지르고 있었습니다. 그 많은 사람들 가운데 제비가 뽑히자 자신 때문에 일어난 일이라고 솔직하게 고백하고 바다 속에 던져지게 됩니다. 요나는 니느웨 성을 구한 위대한 전도자가 된 것입니다. 왜 그렇게 큰일을 하나님께서 요나에게 맡기셨을까요? 요나가 아니라도 얼마든지 다른 사람에게 시킬 수 있었습니다.

요나가 자신의 불순종 때문에 배가 파선 위기에 있다고 솔직하게 고백했기 때문입니다. 자신의 잘못을 솔직하게 고백했기에 그는 하나님의 위대한 복음을 전하는 전도자로 쓰이게 된 것입니다.

"자기의 죄를 숨기는 자는 형통하지 못하나 죄를 자복하고 버리는 자는 불쌍히 여김을 받으리라" (잠 28:13)

하나님은 책임을 회피하고 주어진 일을 피하려고 하는 사람들을 사용하시지 않습니다. 편하게만 살기 위해 쉬운 일만 찾는 시대가 되었습니다. 교회에서도 힘든 일은 가능하면 면해보려고 하는 사람들만 모인다면 하나님은 이 교회 성도들을 향해서도 분명하게 네가 어디 있느냐고 큰 소리로 부르실 것입니다.

네가 어디 있느냐?

하나님은 옛날처럼 교제하기를 원하셨습니다

(이성의 교제보다 훨씬 더한 부모의 마음)

교제가 회복되기를 원하시는 것입니다. 그래서 하나님께서 먼저 인간을 찾아오셨습니다. 언제나 하나님이 먼저 부르시고, 계획하시고 찾아 오셨습니다. 아담은 범죄 한 후에 하나님의 목소리를 들었습니다. "아담아 네가 어디 있느냐?" 라고 말씀하시자 아담은 '내가 벗었으므로 두려워하여 숨었나이다' 라고 대답했습니다. 여기에서 '두려워하여' 란 영혼에 파고든 수치심 때문에 피하려고 하는 것을 의미합니다. 그러나 하나님은 그 모습 그대로 불러 주십니다. 이는 인간을 포기할 수 없는 하나님의 뜻을 알 수가 있습니다. 인간을 향한 하나님의 집념은 대단합니다. 20세기를 살아가는 사람들에게 오늘도 교제하기를 원하십니다. 하나님은 불안하며, 슬퍼하고, 고독해하는 자들에게 방황하지 말고 돌아오면 영광스러운 교제를 해 주시겠다고 약속하셨습니다.

네가 어디 있느냐?
아버지의 애절한 음성입니다

아버지는 자녀의 범죄를 보면 애간장이 다 녹는 듯한 느낌을 받습니다. 안타까움과 해결해 주시기 위한 마음으로 다가가시는 하나님이심을 믿어야 합니다.

하나님은 모든 사람들을 부르고 계십니다. 애절하게 부르고 게시는 것입니다.

여러분! 우리는 피조물입니다. 나약한 인간입니다. 피조물의 위치에서 하나님께 나아갑시다.

인생은 하나님을 피할 수가 없습니다. 당신은 하나님 없이 무료하게 그저 하루하루를 살고 있지 않습니까? 이제 하나님을 찾으십시오. 하나님은 우리를 단지 구원하시는 것으로 만족하지 않으십니다. 인도해 주기를 원하시고 보호해 주기를 원하십니다. 우리에게 능력을 베풀어 주시고 필요한 것을 공급해 주기를 원하십니다.

당신이 어떤 상황에 처해 있어도 그 모습 그대로 맞아 주실 것입니다. 이 세상의 왕을 만나기 위해서는 목욕과 이발, 그리고 화장을 하고 좋은 옷을 입어야 하지만 하나님은 당신의 그 모습 그대로 받아주시는 분이십니다. 그 모습 그대로 나아오기만 한다면 하나님은 가장 좋은 것으로(하늘의 좋은 것들로) 주실 뿐 아니라 인생의 모든 행로에서 앞장서서 가장 안전한 곳으로 인도해 주시고 보호자가 되시기를 자원하시는 분이십니다.

여러분이 예수님을 믿기로 작정하기만 한다면 전혀 다른 삶을 살게 될 것입니다. 주 예수를 믿으십시오. 그러면 여러분의 현재와 과거, 그리고 미래까지도 하나님께서 책임져 주신다고 성경에는 수없이 약속하고 계십니다.

"너희는 마음에 근심하지 말라 하나님을 믿으니 또 나를 믿으라 내 아버지 집에 거할 곳이 많도다" (요 14: 1-2)

"내가 주의 영을 떠나 어디로 가며 주의 앞에서 어디로 피하리이까 내가 하늘에 올라갈지라도 거기 계시며 스올에 내 자리를 펼지라도 거기 계시니이다 내가 새벽 날개를 치며 바다 끝에 가서 거주할지라도 거기서도 주의 손이 나를 인도하시며 주의 오른손이 나를 붙드시리이다" (시 139:7-10)

왜 죄를 지었을까?

창세기 3:1-6

1 그런데 뱀은 여호와 하나님이 지으신 들짐승 중에 가장 간교하니라 뱀이
여자에게 물어 이르되 하나님이 참으로 너희에게 동산 모든 나무의 열매
를 먹지 말라 하시더냐
2 여자가 뱀에게 말하되 동산 나무의 열매를 우리가 먹을 수 있으나
3 동산 중앙에 있는 나무의 열매는 하나님의 말씀에 너희는 먹지도 말고
만지지도 말라 너희가 죽을까 하노라 하셨느니라
4 뱀이 여자에게 이르되 너희가 결코 죽지 아니하리라
5 너희가 그것을 먹는 날에는 너희 눈이 밝아져 하나님과 같이 되어 선악
을 알 줄 하나님이 아심이니라
6 여자가 그 나무를 본즉 먹음직도 하고 보암직도 하고 지혜롭게 할 만큼
탐스럽기도 한 나무인지라 여자가 그 열매를 따먹고 자기와 함께 있는 남
편에게도 주매 그도 먹은지라

왜 죄를 지었을까?

불신자들의 불평

최초의 인간인 아담과 하와를 만드시고 하나님이 에덴동산에 있는 것을 다 먹으라고 하시고는 고지식한 영감님처럼 선악과가 뭐 그렇게 대단하다고 먹지 말라고 하셔서 애간장을 태우게 하더니 맛도 못 본 우리까지 죄인이라 하시니 참으로 비합리적인 일이라고 말합니다.

왜 하나님이 선악과 따먹지 말라고 하셨을까?(창 2:17)

하나님이 '나는 창조주이며 너는 나의 다스림을 받아야 할 존재이다. 네가 누구인지를 알라' 라는 사실을 알게 하기 위함입니다. 또한 '너는 나의 피조물이고 나의 대리인으로 이 모든 자연을 잘 다스리라. 남편과 아내로서의 의무를 잘 지키라. 이것을 볼 때마다 창조주 하나님인 나를 기억하고 너의 본분을 지키라, 너는 나의 다스림을 받아야 할 존재이다.' 라는 인간의 존재를 알려 주시기 위함인데 이는 마치 '딴 생각이 날 때 결혼반지를 보면서 유혹을 뿌리치라' 라는 의미와 같은 것입니다. 선악과 자체가 중요해서가 아닙니다.

인간은 인간처럼 살아야 합니다. 이것을 가르쳐 주기 위함입니다. 선악과를 볼 때마다 에덴동산의 주인이 계시고 인간을 만들고 선악과를 만든 분이 하나님이시라는 사실을 인식하게 되는 것입니다. "너는 청년의 때에 너의 창조주를 기억하라 곧 곤고한 날이 이르기 전에, 나는 아무 낙이 없다고 할 해들이 가깝기 전에 해와 빛과 달과 별들이 어둡기 전에, 비 뒤에 구름이 다시 일어나기 전에 그리하라" (전 12:1-2) 인생은 영혼을 창조주 하나님께 부탁해야 합니다. "그러므로 하나님의 뜻대로 고난을 받는 자들은 또한 선을 행하는 가운데에 그 영혼을 미쁘신 창조주께 의탁할지어다" (벧전 4: 19) 인생은 하나님의 형상으로 지음 받은 인간이기에 하나님의 지시와 인도함을 받을 때 행복이 주어집니다.

사탄은 어떻게 선악과를 따 먹도록 유혹했을까?(3:5)

"너는 하나님이 될 수 있다. 하나님처럼 될 수 있는데 왜 하나님의 대리자 노릇이나 하고 있느냐? 바보 같은 짓 하지 말고 선악과를 빨리 따먹어라. 네가 바로 하나님이 될 수 있다." 인생은 피조물이며 나약한 존재임에도 하나님처럼 살아갑니다. 자신이 무엇이든 할 수 있는 것처럼, 영원히 죽지 않을 것처럼 착각하며 삽니다. 사탄은 인간을 착각하도록 해서 하나님의 흉내를 내며 살라고 계속해서 유혹합니다. "네 운명은 네가 스스로 개척해야지 신이니 뭐니 하지 말고 너 스스로 신이 될 수 있다" 고 사탄이 충돌질 하자 하나님의 대리인이 되기를 거부한 것입니다.

인간이 사탄의 유혹에 넘어가 죄를 짓는 이유는?

이기심 때문이다

이기심은 자기를 사랑하는 마음입니다. 우주의 중심에다 자신을 두고 생각하고 행동하는 것입니다. 사람은 언제나 자기가 유리한대로 생각하고 말합니다. 자기의 편리한대로 생각하는 습성이 바로 죄를 유발합니다. "동산 중앙에 있는 나무의 열매는 하나님의 말씀에 너희는 먹지도 말고 만지지도 말라 너희가 죽을까 하노라 하셨느니라"(창 3:3)

하나님께서는 창세기2장 17절에서 먹으면 죽는다고 했습니다. 그런데 선악과 정도야 먹어도 괜찮지 않겠느냐고 쉽게 생각했습니다. 이것이 바로 이기심입니다. 언제나 자신의 입장에서 생각하는 존재가 인간입니다. 언제나 자신의 입장에서 이해하고 해석하려는 것이 인간의 모습입니다.

사탄은 물욕과 정욕, 명예욕을 가지고 인간의 이기심을 채워주려고 노력합니다. 이것이 바로 사람의 아킬레스건(약점)임을 잘 알고 있기 때문입니다. 하와는 인간의 대리인이 되기를 거부하고 모든 사건의 중심에 내가 주인 되고 하나님처럼 살기를 원하므로 모든 것이 준비된 에덴동산에서 쫓겨난 것입니다.

"이익을 탐하는 모든 자의 길은 다 이러하여 자기의 생명을 잃게 하느니라" (잠 1:19)

"오직 각 사람이 시험을 받는 것은 자기 욕심에 끌려 미혹됨이니 욕심이 잉태한즉 죄를 낳고 죄가 장성한즉 사망을 낳느니라" (약 1:14-15)

이기심은 분별력을 잃게 만든다

이기심을 가지고 선악과를 보니 먹고 싶어서 견딜 수가 없었습니다. 이기심이 마음에 들어오고 나니 하나님의 명령은 귀에 들어오지 않았습니다. 창조주이신 하나님을 그만 깜빡 잊어버렸습니다. 자신이 하나님께서 만들어 준 피조물임을 까맣게 잊어버렸습니다. 이기심을 가지고 선악과를 보니 지금까지 생기지 않은 이상한 마음이 생기기 시작했습니다. "여자가 그 나무를 본즉 먹음직도 하고 보암직도 하고 지혜롭게 할 만큼 탐스럽기도 한 나무인지라 여자가 그 열매를 따먹고"(3:6) 자기중심으로 생각하는 순간 선과 악은 보이지 않고 자기 유리한대로 행동하고 맙니다.

이기심은 동반죄를 짓게 합니다

이기심은 자신에게서 끝나는 것이 아니라 가장 가까운 사람을 범죄하게 만듭니다. "자기와 함께 있는 남편에게도 주매 그도 먹은지라"(3:6) 이기심을 가지면 사랑하는 사람도 함께 지옥으로 가자고 말합니다. 함께 죄를 짓고 함께 망하자고 말합니다. 나도 먹었으니 당신도 먹고 하나님의 진노를 사서 에덴동산에서 쫓겨나자고 하고 있습니다.

사람들이 갈수록 포악해지는 것도 순전히 이기심 때문입니다. 자기만을 사랑하고 사랑 받기만을 원하니 자연히 이 세상은 사랑의 고갈 현상이 생길 수밖에 없습니다. 정신분석학자 에릭 프롬은 사람이 포악해지는 것이 사랑의 고갈현상 때문이라고 했습니다. 받기만을 원하는 이기심, 이것은 죄를 향한 출발점인 것입니다.

이기심은 원망과 분열을 가져온다

이 사건 이후부터 부부의 불신이 생기기 시작했습니다. 그전까지는 그렇게 화목했는데 서로 책임을 전가하게 되었습니다. "아담이 이르되 하나님이 주셔서 나와 함께 있게 하신 여자 그가 그 나무 열매를 내게 주므로 내가 먹었나이다"(3:12) 이기심은 분열과 원망을 가져올 뿐 아니라 이기심은 다른 사람에게까지 전파됩니다. 하와가 이기심으로 아담에게 선악과를 먹게 한 후 이 이기심은 이제 아담의 마음에까지 들어가 하나님께 원망 섞인 변명을 하고 있습니다.

이기심은 인간을 파괴하는 죄이다

이기심은 자기가 주인 노릇을 하려고 하는 것입니다. 그러나 자기가 주인노릇을 하려고 하지만 자기가 주인이 되는 것이 아니라 돈이나 술이나 이성이 주인이 되고 스포츠가 주인이 되고 맙니다. 화투가 주인이 되어 매일 화투판에 죽치고 앉아 있는 사람들이 얼마나 많습니까?

인간은 창조주가 계심을 알고 그분의 인도하심을 받을 때에 행복해집니다.

하나님의 형상으로 지음 받은 인간은 그 마음속에 그 어떤 것으로도 공허감을 채울 수 없습니다. 여러분은 무엇으로 만족해보려고 하십니까? 지식, 돈, 이성, 명예, 아닙니다. 그 어떤 것도 아닙니다. 하박국 3장 17,18절에 이런 말씀이 있습니다. "비록 무화가나무가 무성하지 못하며 포도나무에 열매가 없으며 감람나무에 소출이 없으며 밭에 먹을 것이 없으며 우리에 양이 없으며 외양간에 소가 없을지라도 나는 여호와로 말미암아 즐거워하며 나의 구원의 하나님으로 말미암아 기뻐하리로다" 마음에 하나님을 모시지 않고는 그 어떤 것으로도 만족할 수 없습니다. 돈, 명예, 이성, 지식은 일시적인 만족을 줄 수 있을 뿐입니다.

하나님은 인간이 죄 상태에 있기를 원하지 않으셨다

인간의 역사가 죄의 역사로 그리고 죄로 인한 파멸로 끝나게 그대로 두지 않으셨습니다. 하나님이 세상을 사랑하셔서 독생자인 예수 그리스도를 이 땅에 보내 주셨습니다.

"하나님이 세상을 이처럼 사랑하사 독생자를 주셨으니 이는 그를 믿는 자마다 멸망하지 않고 영생을 얻게 하려 하심이니라" (요 3:16)

예수님을 살리기 위해 노력한 사람 중의 하나가 빌라도입니다. 그는 예수님이 죄인이 아님을 알고 살리기 위해 바나바라는 열심당원을 대신 죽이고자 했습니다. 유월절이 되면 특별 사면하는 전례가 있었습니다. 바나바는 유대나라의 해방을 위해 로마인들과 바리새인들과 서기관 등 로마에 붙어사는 사람들을 폭력을 사용해서 반란을 도모하던 요주의 인물이었습니다. 그런데 그 당시 사람들은 예수님을 십자가에 매달도록 했습니다. 바나바가 사람들이 웅성거리는 곳을 바라보니 어떤 젊은이가 십자가를 메고 골고다 언덕을 향해 걸어가는데 온몸에 피범벅이 되어 비틀거리며 서너 걸음 가다가는 넘어지고, 또 겨우 일어나 몇 발자국 가다가는 쓰러집니다. 누군가 해서 보니 바로 자기를 대신해서 십자가를 지고 가는 예수였고, 그는 그 뒤를 따라가 십자가 밑에서 큰 대못에 온 몸을 의지하며 고통을 당해 자신을 대신해서 죽어가는 예수님을 보며 큰 충격과 마음의 감동을 받았습니다. 후에 예수님이 구원자이며, 하나님의 아들임을 믿고 복음 전도자가 되었다고 역사가들은 말하고 있습니다.

그리스도의 십자가 죽음은 우리 죄를 대신 짊어진 사건입니다. 이는 하나님의 심판을 피할 수 없는 우리를 죽음에서 영원한 생명으로 옮긴 사건입니다. 나 대신 그리스도가 하나님의 심판을 받아 피 흘리심으로 우리는 용서받고 구원을 받게 된 것입니다.

우리 주님은 말씀하셨습니다. "주 예수를 믿으라 그리하면 너와 네 집이 구원을 받으리라"(행 16:31)

주님을 나를 죄로부터 구원해 준 구세주(그리스도)로 믿으십시오. 그러면 우리 주님은 영생을 선물로 주실 것입니다. 예수님이 나의 죄를 대신해서 돌아가심을 믿고 하나님의 자녀가 되기를 바랍니다.

그리스도의 보배로운 피

베드로전서 1:18-19

18 너희가 알거나와 너희 조상이 물려 준 헛된 행실에서 대속함을 받은 것
은 은이나 금같이 없어질 것으로 된 것이 아니요
19 오직 흠 없고 점 없는 어린 양 같은 그리스도의 보배로운 피로 된 것이
니라

그리스도의 보배로운 피

불완전한 인간

여러분은 사람이 얼마나 완벽한 존재라고 생각하십니까? 사실은 사람처럼 불완전한 존재가 없습니다. 사람에 대한 나름대로의 평가를 살펴봅시다.

"사람은 모순 덩어리다." (플라톤)

"창조주 하나님의 손에서 나오는 것은 모두 선하다. 그러나 사람의 손에 들어오면 모두 타락한다." (루소)

"사람은 마치 정신없이 돌아가는 커다란 바퀴 위에 앉아 날아가지도 못하고 쩔쩔매는 병든 파리와 같다." (H.L 멩켄: 미국의 비평가)

정신없이 돌아가는 바퀴 위에 앉아서 정신 차리지 못하는 파리 같은 존재라는 말은 큰 의미가 없습니다. 사람의 문제는 죄의 문제입니다. 죄가 세상에 들어오면서 가정이 파괴되고 사회가 파괴되고 하나님의 진노를 사게 된 것입니다. 하나님을 떠난 사람은 어떤 기준이 없습니다. 자신이 신이요, 주인이기 때문입니다. 그래서 자기 마음이 원하는 대로 살다가 자신에 대한 책임을 지지 못하고 비참하게 무너져버리고 마는 것입니다.

죄의 심각성

여러분은 죄 문제에 대해서 자신이 있다고 생각되십니까? 매일 범하는 죄를 생각해 보십시오. 예수님께서 "마음에서 나오는 것은 악한 생각과 살인과 간음과 음란과 도둑질과 거짓 증언과 비방이니 이런 것들이 사람을 더럽게 하는 것이요"(마 15:19-20) 죄를 짓지 않으려고 마음을 먹었으나 어느 틈엔가 마음으로 살인하고 도적질하고 간음하고 거짓 증거 하는 인간의 죄악을 어떻게 해결해야 합니까?

여러분이 매일 매일 짓는 이 죄를 어떻게 해결할 수 있습니까? 성경에는 죄를 짓게 하는 요소를 기록하고 있습니다. ① 마귀가 죄를 짓도록 유혹합니다(최초의 죄를 범하게 한 뱀처럼). (요 8:44) ② 욕심 때문에 죄를 범합니다. "욕심이 잉태한즉 죄를 낳고 죄가 장성한즉 사망을 낳느니라"(약 1:15). ③ 마음으로 죄를 범합니다. -자신도 모르게 문득 문득 치밀어 오르는 생각으로 범하는 죄(마 15:19), 하루에도 얼마나 많은 죄를 범하고 있습니까?

구속 받아야 할 인간

(구속: 헬라어 "엘리트로데테 –전쟁 포로나 노예에게 자유를 주기 위해 지불했던 돈이란 용어인 "뤼트론"에서 온 말로 예수님이 우리의 죄를 해결하기 위해 대신 지불한 값)

하나님은 죄로 인해 타락해 가는 인간의 모습을 그냥 바라보고 계실 수가 없었습니다. 하나님께서 사랑의 하나님이시라면 죄까지도 용서해주시고 모두 천국으로 넣으면 되지 않느냐고 말하는 사람도 있습니다. 그러나 하나님은 너무나 공의로우시므로 악을 그냥 두실 수가 없었던 것입니다. 그래서 하나님은 어떻게 해서든 인간을 죄로부터 구해야겠다고 생각하셨습니다. 하나님께서 고민에 빠지신 것입니다. 이는 마치 경찰의 소환장이 왔을 때 부모가 자녀의 범죄사실을 알고 충격에 빠져 아버지가 사용할 수 있는 모든 방법을 다 동원해서 자녀가 감옥에 들어가지 않도록 하는 것처럼, 죄는 밉지만 아들이기에 구원해야 한다는 마음과 같습니다.

하나님은 인간이 죄짓지 못하도록 하신다(창 20:6)

그랄 왕 아비멜렉이 아브라함의 아내 사라가 아브라함의 누이동생인줄 알고 자기 아내로 삼으려고 했을 때 꿈속에서 아내로 삼지 못하게 하면서 그 이유를 네가 죄 짓지 않게 하기 위함이라고 말씀하십니다.

죄가 인간을 얼마나 추하고 비참하게 만드는지 잘 아시기 때문이다

그렇다고 부모가 자녀가 죄짓는 것을 염려해서 바깥출입을 금할 수는 없습니다.

죄의 대가를 아시기 때문이다

"죄의 삯은 사망이요"(롬 6:23) 죄를 지음으로 영원한 죽음에 이르러 하나님과 관계가 완전하게 끊어지게 되며, 그 당하는 지옥이 얼마나 고통스러운 곳인가를 잘 알고 계시기 때문입니다.

지옥의 고통

현대인들이 유치하다고 말하는 지옥에 대해 예수님은 적어도 여덟 번 이상 말씀하셨고, 그 내용을 구체적으로 말씀하셨습니다.

마귀와 저주 받은 자가 함께 거하는 영원한 불 속(마 25:41)

"또 왼편에 있는 자들에게 이르시되 저주를 받은 자들아 나를 떠나 마귀와 그 사자들을 위하여 예비된 영원한 불에 들어가라"(마 25:41) 마귀와 함께 하는 곳이며 세상에서도 그렇게 보기 싫어하던 끔직한 자들과 영원히 함께 거하는 곳입니다. 사랑하는 자와 함께 하지 못하는 곳입니다. 보기 싫은 자와 영원히 함께 하는 곳입니다. 이와는 반대로 천국은 미움, 시기, 질투, 그리고 저주가 없는 사랑의 마음으로 영원히 사랑하며 사는 곳입니다. "믿음, 소망, 사랑, 그 중에 제일은 사랑이라"(고전 13:13) "사랑은 언제까지나 떨어지지 아니하되 예언도 폐하고 방언도 그치고 지식도 폐하리라"(고전 13:8)

유황불이 붙는 못(계 19:20)

산채로 가는 곳이라는 것이 문제입니다. 고통과 괴로움을 영원히 그리고 최고로 누리는 곳입니다. 마음대로 죽을 수도 없는 끝없는 형벌이 있는 곳입니다.

끔찍한 형벌이 있는 곳

예수님은 오른 눈이 범죄하면 그 오른 눈을 빼버리고, 오른 손이 범죄하면 찍어버리고 지옥에 가지 않는 것이 낫다고 하십니다. 이는 세상에서 눈과 손이 없는 고통을 당하는 것이 낫지 지옥은 너무나 고통스러운 곳이니 제발 들어가지 말라는 주님의 소원입니다(마 5:29-30).

구속의 방법

인간이 생각한 방법

"은이나 금같이 없어질 것으로 된 것이 아니요" (18절)

인간은 기껏 생각하는 것이 돈이나 금 같은 것을 통해 죄지은 것을 없이 해 보려는 일시적인 방편을 생각합니다. 이 세상은 죄를 짓고도 돈이 있으면 해결될 수도 있습니다. 그러나 하나님 앞에서는 안 됩니다.

하나님의 방법

죄 문제는 대가를 지불하지 않고는 해결할 수가 없습니다. 죄를 지은 자는 죄의 대가로 반드시 피를 흘려야 합니다. 그래서 하나님은 고민에 빠지신 것입니다. 모든 인간이 죄인이기 때문입니다. 죄인이 죄 문제를 해결할 수 없기 때문입니다. 그래서 하나님은 죄 없는 하나님의 아들이신 예수님을 이 땅에 보내신 것입니다. 하나님의 아들을 속죄의 제물로 사용하기로 결정하신 것입니다. 얼마나 가슴 아픈 결정입니까? "오직 흠 없고 점 없는 어린 양 같은 그리스도의 보배로운 피로 된 것이니라" (19절)

오직 흠 없고 점 없는 피로서

제물은 죄가 없어야 합니다. 구약 시대에 하나님께 제사를 지낼 때 사용하는 어린양과 송아지와 비둘기 등도 흠이 없어야 합니다.

어린양이 되신 예수님을 통해

예수님은 제물이 되셨습니다. 제물이 된 당사자는 비참하고 저주스러울 것입니다. 간혹 영화 등에서 제물로 바쳐지는 아리따운 처녀나 잘 생긴 청년이 괴로워하는 모습과 부모의 울부짖음을 들어보지 못했습니까? 제물이 된다는 것은 도살장으로 끌려가서 죽는 짐승처럼 된다는 것입니다. 도살장의 피비린내, 동물들의 처참한 비명소리를 생각해 보십시오. 제사 드리는 현장은 그야말로 양의 피냄새와 울음소리가 진동하는 처참한 현장입니다. 예수님께서 우리의 죄 때문에 이렇게 죽으신 것입니다.

보배로운 그리스도의 피

예수님은 우리의 죄를 대신하여 죽으셨습니다. 십자가 위에서 피를 흘리시며 죽으신 것입니다. 로마 시대에 십자가형은 인간 대우를 해줄 수 없는 자들에게 내린 최고의 형벌이었습니다(로마 시민권을 가진 바울은 목베임을 당했다). 도무지 인간에게 할 수 없는 형벌, 짐승도 십자가에 매달아 죽이는 모습은 끔찍할 것인데, 하물며 하나님의 아들이신 예수님께서 인간 취급도 받지 못하시고 최고의 형벌인 십자가의 고통을 당하시고 죽으셨습니다. 그러나 이 처참한 피 흘림 때문에 우리는 죄로부터 해방이 되어 생명을 얻게 된 것입니다.

성경은 말씀하십니다. "육체의 생명은 피에 있음이라 내가 이 피를 너희에게 주어 제단에 뿌려 너희의 생명을 위하여 속죄하게 하였나니 생명이 피에 있으므로 피가 죄를 속하느니라"(레 17:11) "율법을 따라 거의 모든 물건이 피로써 정결하게 되나니 피흘림이 없은즉 사함이 없느니라"(사람의 혈관은 9500km로 서울~부산을 20번 이상 왕복할 수 있는 길이 -히 9:22)

그리스도의 보배로운 피는 인간의 피였다

인간의 죄를 완전하게 해결해 줄 수 있는 피는 죽어가는 사람을 위해 필요한 피가 인간의 피여야 하듯이 인간의 피여야 합니다. 그러나 더러운 피는 안 됩니다. 깨끗한 피여야 합니다. 그래서 예수님은 인간으로 오신 것입니다.

그리스도의 피는 죄 없는(깨끗한) 피였다

"오직 흠 없고 점 없는 어린 양 같은 그리스도의 보배로운 피로 된 것이니라"(19절)

흠 없고 점 없는 어린 양 같은 그리스도의 보배로운 피는 바로 죄 없으신 예수님이 인간의 죄를 대신할 분으로 자격이 완전하신 분이심을 가르칩니다. 예수님의 보혈의 피는 눈물 없이 바라볼 수 없는 보배로운 피입니다. 나의 죄를 위해 흘리신 사랑의 피인 것입니다.

하나님은 이 보배로운 그리스도의 피를 통해 죄인인 우리를 용서해 주기를 원하십니다. 예수님을 믿으십시오. 그러면 죄의 용서를 받을 것이고, 하나님의 자녀로서 영생을 얻을 것입니다. 그렇지 않으면 하나님과 영원히 결별하는 영원한 죽음인 지옥의 형벌이 기다리고 있을 뿐입니다.

도대체 죄 문제를 어떻게 해결하려 하십니까? 어떤 대안이 있습니까? 인간이 지은 이 무겁고 엄청난 죄를 하나님은 예수님의 십자가의 피를 통해 용서해 주겠다고 하십니다. 십자가의 피(보혈)를 믿고 죄 씻음 받기를 원하십니까? 그러면 예수님을 믿으십시오.

범브란트라는 분이 쓴 글에 이런 내용이 있습니다.

두 형제가 있었습니다. 형은 너무나 착하고 선하게 살았습니다. 그러나 동생은 개망나니였습니다. 형이 동생을 향해 "얘 너 그렇게 살면 안돼, 정신 차리고 인간답게 살아" 그래도 매일 노름이나 하고 술이나 먹고, 남의 것을 훔치고 나쁜 짓만 골라서 하였습니다.

어느 날 밤 동생이 문을 열고 급하게 집으로 뛰어 들어오면서 "형 나를 살려줘. 내가 잘못해서 사람을 죽였어. 그런데 지금 경찰이 나를 죽이려고 뒤쫓고 있어. 어떻게 하면 좋아."

피 묻은 옷을 입고 부들부들 떨고 있는 이 동생을 바라보던 형은 잠시 생각에 잠긴 후에 옷을 바꿔 입자고 했습니다. 동생은 어떻게든 살아야 하니까 얼른 바꿔 입었습니다. 경찰이 집 안으로 들이닥쳐 피 묻은 옷을 입고 있는 형을 잡아가버렸습니다. 형은 사형 언도를 받고 형장의 이슬로 사라지기 전에 간수에게 동생에게 편지를 전해주라고 했습니다.

"사랑하는 동생아, 이제라도 네가 정신 차리고 새로운 삶을 산다면 나는 나의 죽음을 헛되다고 생각하지 않을 것이다."

이 편지를 받아든 동생은 형을 찾아 갔으나 이미 형은 이 세상 사람이 아니었습니다. 동생은 통곡하며 후회하고 새로운 삶을 살았다고 합니다.

여러분, 예수님의 피는 보배로운 피입니다. 이 주님의 피를 가볍게 생각한 분 있습니까?

성찬식에 참석하면서도 예수님의 피를 피상적으로만 생각했습니까? 사랑을 느끼지 못하고 단지 머리로만 알았습니까? 주님께서 제자들에게 하신 최후의 만찬 석상에서 하신 말씀을 기억하십니까?

"이것은 죄 사함을 얻게 하려고 많은 사람을 위하여 흘리는 바 나의 피 곧 언약의 피니라" (마 26:28)

이 언약의 피가 당신에게 죄 사함을 허락한 보배로운 피인 것입니다. 정말 주님을 사랑하십니까?

다섯 번 이혼한 여자의 갈증

요한복음 4:5-14

5 사마리아에 있는 수가라 하는 동네에 이르시니 야곱이 그 아들 요셉에
게 준 땅이 가깝고
6 거기 또 야곱의 우물이 있더라 예수께서 길 가시다가 피곤하여 우물 곁
에 그대로 앉으시니 때가 여섯 시쯤 되었더라
7 사마리아 여자 한 사람이 물을 길으러 왔으매 예수께서 물을 좀 달라 하
시니
8 이는 제자들이 먹을 것을 사러 그 동네에 들어갔음이러라
9 사마리아 여자가 이르되 당신은 유대인으로서 어찌하여 사마리아 여자
인 나에게 물을 달라 하나이까 하니 이는 유대인이 사마리아인과 상종
하지 아니함이러라
10 예수께서 대답하여 이르시되 네가 만일 하나님의 선물과 또 네게 물 좀
달라 하는 이가 누구인 줄 알았더라면 네가 그에게 구하였을 것이요 그
가 생수를 네게 주었으리라
11 여자가 이르되 주여 물 길을 그릇도 없고 이 우물은 깊은데 어디서 당신
이 그 생수를 얻겠사옵나이까
12 우리 조상이 이 우물을 우리에게 주셨고 또 여기서 자기와 자기 아들들
과 짐승이 다 마셨는데 당신이 야곱보다 더 크니이까
13 예수께서 대답하여 이르시되 이 물을 마시는 자마다 다시 목마려니와
14 내가 주는 물을 마시는 자는 영원히 목마르지 아니하리니 내가 주는 물
은 그 속에서 영생하도록 솟아나는 샘물이 되리라

다섯 번 이혼한 여자의 갈증

예수님이 만난 사람

예수님이 세상에서 만난 사람들을 살펴보면 죄인과 세리, 창기들이었습니다. 세상 사람들로부터 소외받고 마음에 많은 상처를 가지고 산 사람들을 만나셨습니다. 지저분하거나 악한 사람들이 대부분이었습니다. 어떤 때는 귀신들린 사람을 찾아가 만나 주셨습니다. 한 영혼을 귀하게 여기시는 주님의 노력은 정말로 대단하셨습니다. 예수님께서 거라사라고 하는 지방에서 귀신들린 사람을 만났을 때, 예수님은 귀신들린 자에게 자유를 주시기 위해 사람에게 들어가 있는 귀신을 산에서 방목하고 있는 돼지에게 몰아넣으셨습니다. 귀신이 많은 돼지(성경에는 큰 떼- 막 5:11)에게로 들어가자 돼지 떼가 바다로 들어가 몰사했다고 기록하고 있습니다. 그 돼지 떼가 얼마인지는 모릅니다. 큰 떼라는 표현을 통해 수백 마리에서 수천 마리라고 보아도 좋을 것입니다. 주님은 이처럼 한 영혼을 위해서 막대한 재산까지 송두리째 버리시며 구원해 주셨습니다. 주님께서 한 영혼에 대하여 얼마나 사랑과 애착을 가지고 계시는가를 알 수 있습니다.

예수님이 오늘도 한 여자를 만나셨습니다. 그 사람은 사마리아 사람이었습니다.

사마리아 사람이었다

사마리아 지역은 예루살렘과 갈릴리의 중간 지역에 위치해 있습니다. 사마리아 사람들은 유대인들의 멸시의 대상이었습니다. 앗수르 왕 사르곤3세가 북이스라엘을 함락시킨 후인 주전 722년 후에 앗수르 제국의 동부와 서부에 살던(바벨론구다 아와 하맛 스발와임) 앗수르인을 사마리아로 이주시켜 본토에 살던 유대인과 혼합시켜서 혈통과 신앙이 문란해졌습니다(왕하 17:24). 그런 이유로 유대인들은 사마리아 사람들을 멸시하고 천대하였습니다. 그런데 예수님은 유대인이 상종하지 않는, 인간 취급하지 않는 사람에게 다가가셨습니다. 손가락질 당하고, 편견 때문에 괴로워하는 사람들이 예수님의 관심의 대상입니다.

예수님은 이 여인을 만나기 위해 사마리아로 찾아 가셨습니다. 유대인은 그 당시 사마리아 지역을 피해 베뢰아 지방으로 돌아 다녔습니다. 그런데 예수님은 4절에서 "사마리아로 통과하여야 하겠는지라"고 하셨습니다. 예수님은 보잘것없는 영혼을 구원하시기 위해 적극적으로 찾아가셨습니다. 앉아서 오기만을 기다리신 것이 아니었습니다. 초대 교회 성도들도 각처로 찾아 다녔습니다. 당신은 어떻습니까?

천대받는 여자

여자의 위치는 참으로 애매합니다. 하와의 범죄 이후 여자는 남자와 동등한 대우를 받지 못했습니다. 하나님께서 인간을 창조하실 때는 귀한 존재로 남녀를 동등한 인격으로 만드셨습니다. 하나님의 형상을 닮은 피조물로서 남자의 갈비뼈에서 만들어졌습니다. 이는 여자가 남자와 같이 평등한 존재이고 귀한 존재로 남자의 사랑을 받는 존재가 되게 하기 위해 남자의 중요 부분인 가슴 부위의 갈비뼈로 만들었다고 합니다.

그러나 선악과를 따먹은 후 여자는 남자보다 훨씬 더한 죄의 고통을 당해야 했습니다.

인류의 역사를 보면 여자는 사유재산처럼 취급되었던 적이 너무나 많았습니다. 일본에서도 여자는 남자의 종에 불과했던 역사를 찾아볼 수 있습니다. 놀라운 것은 아리스토텔레스 같은 대 철학자도 여자에 대한 편견을 가지고 있었습니다.

"만약 여인이 자기 남편하고 동등하다고 주장한다면 그것은 마치 노예가 상전과 동등하다고 주장하는 것과 같은 말로 사회질서는 무너지고 말 것입니다."

놀라운 말이 아닐 수 없습니다. 여자를 노예처럼 취급한 것은 동서양의 차이가 없습니다. 우리가 잘 아는 대로 여자에게 선거권이 부여된 것은 19세기 말에서부터 20세기 초입니다. 이처럼 여자가 수천 년 동안 천대를 받아 왔습니다.

그러나 주님은 여자를 멸시하고 천대한 적이 없습니다. 예수님의 죽음과 부활의 현장에는 남자보다 여자가 있었습니다. 기독교가 들어오기 전 우리나라의 여성의 지위는 그야말로 땅이었습니다. 그러나 복음이 들어온 후 여자의 지위는 크게 신장되었습니다. 그러므로 여자들은 예수님께 감사해야 합니다.

부정한 여자

특히 사마리아 사람들은 여자를 남자보다 훨씬 부정한 자로 여겨졌다고 합니다. 이 여자는 예수님을 만나자마자 경계하고 빈정대고 있습니다.

"사마리아 여자가 이르되 당신은 유대인으로서 어찌하여 사마리아 여자인 나에게 물을 달라 하나이까" (9절)

미혼모들에게 설교하는 목사님들의 어려움은 그들이 도무지 마음을 열지 않는다는 것입니다. 색안경을 쓰고 빈정거리는 자세로 대합니다. 마음이 비뚤어지면 세상이 다 삐뚤어진 모습으로 보입니다. 이 여자도 예수님을 색안경을 쓰고 보았을 것입니다. 정상적인 사람을 색안경을 쓰고 볼 수밖에 없는 여인의 비참함을 생각해 보십시오. 정신병자가 딴 사람이 아닙니다. 자신은 옳은데 알아주지 않는 것입니다. 누가 이 여자를 알아줍니까? 다섯 명의 전 남편들도 이 여자를 알아주지 않았습니다. 그래서 세상을 부정적으로 볼 수밖에 없는 심각한 마음의 병을 앓고 있는 사마리아 여인에게 예수님이 찾아가신 것입니다.

다섯 번 이혼한 여자의 갈증

다섯 번이나 이혼한 여인이라면 몇 가지 문제를 생각 해 볼 수 있습니다. 첫째, 여자로서 지독한 결점을 가진 여인일 수 있습니다. 그 내용에 대해서는 알 수 없지만 그 결과 이혼의 빌미를 제공해 주었을는지도 모릅니다. 둘째, 욕심이 대단히 많은 여자일 수도 있습니다. 자신의 이기심과 욕심을 채우지 못하면 못 견디는 특별한 성격의 소유자일 수도 있습니다. 자기 마음에 맞지 않아서 싸움과 다툼이 이혼으로 번져갈 수도 있는 것입니다. 셋째, 참을성이 없는 여자일 수도 있습니다. 인내하고 사랑의 마음을 가졌다면 다섯 번까지 이혼하지 않을 수도 있었을 것입니다.

외로움(고독)

수가성 영인의 정신적인 고통 중에 첫 번째가 바로 '외로움' 일 것입니다. 남편이라고 맞이해서 살았지만 모두가 언제 떠날는지 모르는 사람들이었습니다. 그래서 그는 도무지 믿고 신뢰할 수가 없었습니다. 그런 남편들에게 위로받을 수는 더더욱 없었을 것입니다. 몇 마디의 위로는 일시적인 사탕발림이었습니다. 사람을 만나도 해결되지 않는 것이 바로 고독이었습니다. 함께 있지만 위로가 되지 않았습니다.

고독은 언제부터 생겼을까요? 아담과 하와의 범죄 이후부터입니다. 하와와 아담이 자신의 책임을 전가시키는 순간부터 부부관계가 멀어지기 시작했습니다. 아담이 자신의 문제를 솔직하게 인정하지 않는 순간부터 하나님과의 관계와 아내와의 관계가 멀어지기 시작했고, 그때부터 소외감을 느끼기 시작했습니다. 자신의 잘못을 인정하지 않는 순간부터 주위의 모든 사람과 보이지 않는 장벽이 형성되고 만 것입니다.

지극히 이기주의적이고 자기만을 위하다보니 많은 사람들이 정신병에 걸려서 자살하는 사람이 얼마나 많은지! 얼마 전 어떤 분으로부터 일본에 대한 말을 들었습니다. 일본은 너무 이기적인 면이 발달해서 식사도 함께 나누는 것이 없습니다. 이러한 이기심 때문에 한 집에 한 명 꼴로 겉으로 드러나지 않는 정신병자가 있다고 합니다.

현대가 문명은 발달하지만 이기심 때문에 고독한 시대인 것입니다. 문명은 마약입니다. 문명이 발달할수록 죄와 이기심, 개인주의가 발달합니다.

이기심으로 가득 찬 사람처럼 고독한 존재는 없습니다. 가룟 유다를 보십시오. 자신의 욕심 때문에 12명의 제자와 떨어져 지금 지옥에서 슬피 울며 이를 갈고 있을 것입니다. 이처럼 이기심은 고독과 비극으로 끝날 수밖에 없습니다.

이 여인은 너무나 고독했습니다. 이 여인이 12시에 물 길러 온 자체가 사람들이 많이 있는 시간을 피해서(보통은 아침이나 저녁시간 이용) 아무도 없는 시간을 이용한 것이라고 봅니다. 얼마나 고독한 여인입니까?

고독으로 인해 자살하고 우울증에 걸립니다. 요즘 유럽의 통계를 보면 10명 중 2명 정도 자살한다고 합니다.

진정한 사랑의 대상을 찾지 못한 여인

수가성 여인은 고독의 고통과 함께 사랑의 갈증을 가지고 있었습니다. 다섯 명의 남편에게서 사랑을 확인하지 못했습니다. 지금 살고 있는 남편과도 언제 헤어질지 모르는 여자입니다. 정말 자신을 사랑해 주는 사람을 찾지 못한 여자입니다.

솔로몬은 불행한 사람입니다. 왜냐하면 그는 천 명이나 되는 처와

첩을 가졌기 때문입니다. 도대체 그가 누구를 사랑할 수 있었겠습니까? 천 명이나 되는 여자에게 사랑을 다 나누어줄 수 있을 만큼 우주적인 사랑을 가지지 못했기 때문입니다(두 명의 아내만 있어도 마음이 나누어지는 것이 사람이다).

사랑의 대상이 없는 사람처럼 초라한 사람도 없습니다. 그리고 삶의 의미까지 잃어버립니다. 그러나 사랑을 받으면 삶의 가치를 발견합니다. 살맛이 납니다. 그래서 사람들은 사랑을 찾아서 헤맵니다.

조지 엘리어트라는 사람은 이런 말을 했습니다. "여성의 운명은 사랑 받는 무게에 의해 결정된다." 그러나 세상의 사랑은 언제나 자기중심이기에 불완전한 것입니다.

잠시 생각해 봅시다! 하나님처럼 무조건적으로 당신을 사랑해 줄 수 있는 사람이 있습니까?

영적으로 갈급한 여인

이 여인은 예배가 무엇인지 조금 알고 있었습니다. 종교적인 지식이 있었습니다. "우리 조상들은 이 산에서 예배하였는데 당신들의 말은 예배할 곳이 예루살렘에 있다 하더이다"(20절) 유대인들이 예루살렘 성전에서 예배를 드리고 있는 동안 사마리아인들은 그리심산에 예배처소를 만들고 종교행위를 하고 있었습니다. 이 여인도

적어도 하나님에 대해 알고 있었고 이미 들었지만 종교인의 범위를 벗어나지 못하고 있었습니다. 종교적인 분위기 때문에 교회는 나갔습니다. 그래서 알만한 것은 다 압니다. 교회에 취미를 붙이고 열심히 일한다고 뛰어 다녔지만 그리스도의 피로서 자신의 죄를 깨끗하게 씻지 못하므로 자신의 죄 때문에 회개하는 눈물도 없고 하나님 앞에서 괴로워하는 일도 없습니다. 말씀을 읽어도 마음에 부딪침이 없습니다. 속은 비어 있습니다. 삶 속에 주님이 함께 하심도 느끼지 못하기에 삶의 변화도, 기쁨도 없습니다. 천국에 대한 소망도 없습니다. 그저 이 세상에서 되는대로 살면 된다고 생각합니다. 그 결과 오늘에까지 이르렀고, 예수님은 이 여인을 찾아가신 것입니다.

예수님이 하신 말씀

문제투성이인 여인에게 예수님은 어떤 처방을 하셨습니까?

"고독을 고치려면 네가 사는 남자와 마음을 터놓고 대화를 해 보아라." "사랑의 갈증을 해소하려면 먼저 사랑 하여라." "앞으로 선하게 살아라. 그러면 당신의 문제가 해결 될 것이다."라고 말씀하신 것이 아닙니다.

"내가 주는 물을 마시는 자는 영원히 목마르지 아니하리니 내가 주는 물은 그 속에서 영생하도록 솟아나는 샘물이 되리라"(14절)

예수님이 생수를 주십니다. 이 말은 예수님을 하나님의 아들로 믿으면 영원히 목마르지 않을 것이라는 말씀입니다. 이 세상의 것은 무엇이든지 갈증이 납니다. 돈도, 이성도, 노름도, 마약도 무엇이든 마찬가지입니다.

예수님을 구세주로 믿고 인생의 주인으로 내 마음에 모셔 들이는 순간, 우리 인생의 수많은 질병이 깨끗이 끝납니다. 왜냐하면 생수가 터지기 때문입니다. 세상의 것은 아무리 채워도 공허하지만 예수님께서 내 마음에 오시는 순간 하나님의 사랑이 내 마음을 가득 채웁니다. "나는 생명의 떡이니 내게 오는 자는 결코 주리지 아니할 터이요 나를 믿는 자는 영원히 목마르지 아니하리라" (요 6:35)

예수님을 만난 후

"여자가 물동이를 버려 두고 동네로 들어가서 사람들에게 이르되 내가 행한 모든 일을 내게 말한 사람을 와서 보라 이는 그리스도가 아니냐 하니" (28-29)

수가성의 여인은 예수님을 순간적으로 구세주로 믿었습니다. 그러자 그는 180도로 변하고 말았습니다.

① 적극적인 여인으로 바뀌었습니다

사람을 피해서 우물가로 나왔던 여인이 이제는 사람들에게 나아가고 있습니다. 그녀는 너무나 기뻐서 이제는 고독하지도 않고 사랑에 대한 갈증도 없습니다. 내면의 문제가 해결되자 사람이 변한 것입니다.

② 예수님을 전하는 전도자로 바뀌었습니다

자신의 문제가 순식간에 해결되자 이 여인은 이런 놀라운 분을 전하지 않을 수가 없었습니다. "와보라" 고 외치고 있습니다. 그 결과 "그들이 동네에서 나와 예수께로 오더라" (30절)

주님께서는 수가성의 여인과 같은 우리를 두 팔 벌려 기다리고 계십니다. 예수님을 구세주로 믿겠다고 고백하는 순간 여러분 마음에 자리를 잡으시고 고독, 그리고 사랑에 대한 불만을 깨끗하게 해결해 주실 것입니다.

"수고하고 무거운 짐 진 자들아 다 내게로 오라 내가 너희를 쉬게 하리라" (마 11:28)

선한 목자

요한복음 10:7-17

7 그러므로 예수께서 다시 이르시되 내가 진실로 진실로 너희에게 말하
노니 나는 양의 문이라
8 나보다 먼저 온 자는 다 절도요 강도니 양들이 듣지 아니하였느니라
9 내가 문이니 누구든지 나로 말미암아 들어가면 구원을 받고 또는 들어
가며 나오며 꼴을 얻으리라
10 도둑이 오는 것은 도둑질하고 죽이고 멸망시키려는 것뿐이요 내가 온
것은 양으로 생명을 얻게 하고 더 풍성히 얻게 하려는 것이라
11 나는 선한 목자라 선한 목자는 양들을 위하여 목숨을 버리거니와
12 삯꾼은 목자가 아니요 양도 제 양이 아니라 이리가 오는 것을 보면 양을
버리고 달아나나니 이리가 양을 물어 가고 또 헤치느니라
13 달아나는 것은 그가 삯꾼인 까닭에 양을 돌보지 아니함이나
14 나는 선한 목자라 나는 내 양을 알고 양도 나를 아는 것이
15 아버지께서 나를 아시고 내가 아버지를 아는 것 같으니 나는 양을 위하
여 목숨을 버리노라
16 또 이 우리에 들지 아니한 다른 양들이 내게 있어 내가 인도하여야 할
터이니 그들도 내 음성을 듣고 한 무리가 되어 한 목자에게 있으리라
17 내가 내 목숨을 버리는 것은 그것을 내가 다시 얻기 위함이니 이로 말미
암아 아버지께서 나를 사랑하시느니라

선한 목자

어떤 자매의 간증을 소개합니다.

1998년 8월 말 새벽 남편이 교통사고를 당했다는 소식을 듣고 중환자실로 가니 남편은 신음 소리만 내다가 10일 만에 세상을 떠났습니다. 저는 세 아이를 바라보며 서럽고 분해서 울어야만 했습니다. 한 동안 인생의 허무감과 죽음의 공포에 시달렸습니다. 불면증 때문에 밤이 괴로웠습니다. 언제나 불안했습니다. 막내 아이가 집에 조금만 늦어도 온 동네를 헤집고 다닐 정도로 자녀들에 대한 염려가 언제나 나를 사로잡았습니다.

이웃집에 사는 아기 엄마의 인도로 교회에 나갔고, 집을 찾아온 목사님께서 주님께서 이 가정의 호주와 주인 되어 달라고 했을 때 코웃음을 쳤습니다. 그러나 '믿는 사람들의 확신은 도대체 어디서부터 시작 되는가' 라는 의문은 예수님을 믿게 되므로 모두 해결되었습니다. 이제는 고린도전서 10:13절이 내게 주신 말씀이라고 생각하며 위로받고 삽니다.

"사람이 감당할 시험 밖에는 너희가 당한 것이 없나니 오직 하나님은 미쁘사 너희가 감당하지 못할 시험 당함을 허락하지 아니하시고 시험 당할 즈음에 또한 피할 길을 내사 너희로 능히 감당하게 하시느니라" 하나님은 간당할 수 없는 시험을 주시지 않음을 알았고, 하루 세 끼 일용할 양식, 아침에 일어날 때마다 살아야 할 이유가 있다는 사실에 하나님께 감사하게 되었습니다.

예수를 믿는다는 것은 내가 처한 환경이 바뀌는 것이 아니며, 지난 날 내가 당한 크고 작은 일이 사라지는 것도 아니며, 그 어려움은 내가 사는 날 동안 또 다른 모양으로 내 앞에 다가오겠지만, 이제는 그 상황의 노예가 되지 않는다는 것을 의미하며, 옛날과 달리 내 마음은 지옥이 아니라 예수 그리스도를 통해 내 마음이 평화인 것을 확실하게 말할 수 있게 되었습니다. 자녀들(중1, 초6, 초4)도 구김살 없이 밝고 건강하게 자라고 있습니다.

이제 저는 가을에 낙엽을 보며, 길거리 어디에선가 들려오는 남편이 좋아하던 음악 소리에도, 해지는 저녁 냄새를 맡으면서도 방황하지 않는 것은 주께서 주신 평화가 내 마음 속에 가득 차고 넘치기 때문입니다. 이제는 예수 그리스도가 저의 삶에 최고의 가치라고 자랑합니다.

예수님은 여러분의 삶에 어떤 위치에 있습니까?

예수, 그분이 두 대체 누구이기에 우리의 인생을 바꾸어 주십니까? 예수님을 만나 예수님과 함께 사는 사람들의 이야기는 천국을 맛보고 사는 삶입니다. 그러나 어떤 분들은 교회를 다니지만 무기력한 상태로 살아가고 있습니다. 이는 예수님을 바로 알지 못했기 때문입니다. 책을 통해서 관광지에 대한 지식을 알고 있는 사람과, 직접 현장에 가서 아름다운 자연을 보고 온 사람과는 그 느낌이 다릅니다. 오늘 우리는 성경을 통해 예수님이 누구신지 확실하게 알고자 하는 것입니다.

예수님은 도대체 누구신가?

예수님은 문이다

"나는 양의 문이라" (7절)

목자들은 밤이 되면 양들을 자신의 우리로 몰아 넣습니다. 그리고 아침이 되면 목자가 양들을 부릅니다. 그러면 양은 그 문을 통하여 다시 푸른 초창으로 나아갑니다. 그런데 양 우리의 문은 하나 밖에 없습니다. 옛날 팔레스타인의 우리는 우리나라의 소나 염소가 들어가는 우리와 같은 것이 아닌, 높은 벽으로 된 담을 가지고 있었습니다.

구원의 문

"내가 문이니 누구든지 나로 말미암아 들어가면 구원을 받고 또는 들어가며 나오며 꼴을 얻으리라"(9절)

하나님은 예수님을 통해서만 인간을 구원해 주시기로 작정하셨습니다. 인간은 독립하고 싶은 마음이 있고 독립하고 나면 교만해져서 마음대로 하다가 죄를 범하게 되는데, 이는 에덴동산에서의 추방과 이스라엘과 로마의 멸망을 통해서도 확실히 알 수 있습니다.

구원자가 되기 위해서는 두 가지를 만족시킬 수 있어야 합니다.

① 인간이어야 합니다. ② 죄가 없어야 합니다. 인간은 많으나 죄가 없는 사람은 없습니다. 마음속에 있는 죄성을 생각해 보십시오. 인간의 마음에 들어오는 죄는 허가장도 없이 들어왔다가 나갔다가 합니다. 도무지 구제불능입니다. 어떤 이는 아예 세상을 등지고 산으로 갑니다. 마음의 결심이나 도덕적인 수양이 사람을 깨끗하게 할 수 없습니다. 사람들은 누구나 크고 작은 죄를 지은 자들입니다.

꼴을 얻는 문

"나보다 먼저 온 자는 다 절도요 강도니 양들이 듣지 아니하였느니라"(8절)

"내가 문이니 누구든지 나로 말미암아 들어가면 구원을 받고 또

는 들어가며 나오며 꼴을 얻으리라"(9절)

양에게 꼴은 생명입니다. 하루하루 살 수 있는 근거가 됩니다. 꼴은 양에게는 최고의 기쁨입니다. 꼴 때문에 양이 아름다운 양털을 만들어 냅니다. 꼴을 얻는 문이 없는 양은 죽은 시체나 다를 바가 없습니다.

"들어가고 나오며 꼴을 얻으리라", 여기서 "들어가고 나오며" 라는 말은 하루의 생활을 압축해서 표현한 내용입니다. 양의 현재의 삶이 바로 '문' 때문에 존재한다는 사실입니다. 문이신 예수님이 계셨기에 꼴을 얻을 뿐 아니라 꼴을 통해서 하루하루의 삶 속에서 기쁨도 맛볼 수 있다는 것입니다. "나의 생명 되신 주 주님 앞에 나아갑니다."(찬송가 380장)

매일매일 주님은 생명의 공급자로 삶의 근거가 되셔서 우리와 함께 하십니다.

풍요롭게 하는 문

양의 문은 양을 풍요롭게 하는 문입니다. 양의 우리는 자유, 안식, 평안, 만족을 줍니다. 이처럼 인생도 그리스도 안에 있을 때 풍요롭습니다. 하나님의 자녀가 된 자들에게 좋은 것을 주시지 않을 이유가 없습니다. "너희가 악한 자라도 좋은 것으로 자식에게 줄줄 알거든 하물며 하늘에 계신 너희 아버지께서 구하는 자에게 좋은 것으로 주시지 않겠느냐"(마 7:11)

절도요 강도요

절도와 강도는 그 당시 바리새인들을 가리킵니다. 그들은 문을 통하지 않고 들어왔습니다. 그들의 신앙심은 강합니다. 봉사하고 헌금하고 예배를 잘 드리지만 그들에게는 예수님이 없습니다. 예수님은 그들의 삶에 아무런 의미가 없습니다. 오늘날의 절도요, 강도들의 모습은 열심히 기도하고 성경보고 주기도문과 사도신경을 줄줄 암송하면서 막상 그리스도에 대한 자신의 개인적인 고백은 상실하고 있는 사람들입니다. 그리스도의 십자가의 죽음과 부활의 핵심적인 의미조차 깨닫지 못한 사람이 얼마나 많습니까? 그리스도를 통한 중생의 체험이 없으면서도 역사와 전통을 자랑하는 종교인, 진정 예수님을 만나지 못한 사람들이 기독교를 오도하고 이용하는 장본인들입니다.

"내가 문이니 누구든지 나로 말미암아 들어가면 구원을 받고 또는 들어가며 나오며 꼴을 얻으리라" (9절)

"누구든지" (9절)

아무라도 오라고 하십니다. 제한이 없고, 자격이 정해져 있지 않습니다. 세상에서는 자격을 필요로 합니다. 청와대나 어떤 모임, 잔치, 심지어는 슈퍼마켓을 들어갈 때도 지위나 명예, 또는 돈이 필요합니다. 그러나 하나님은 아무도 제한하시지 않습니다.

"하나님이 세상을 이처럼 사랑하사 독생자를 주셨으니 이는 그를 믿는 자마다 멸망하지 않고 영생을 얻게 하려 하심이라" (요 3:16)

"나로 말미암아 들어가면" (9절)

그리스도를 통해서만이 구원이 있습니다. 직분이나 신앙배경, 봉사의 경력이 구원의 조건이 아닙니다. 예수님이 없는 노력과 행위는 무의미합니다.

"다른 이로써는 구원을 받을 수 없나니 천하 사람 중에 구원을 받을 만한 다른 이름을 우리에게 주신 일이 없음이라" (사도행전 4:12)

선한목자이신 예수님

"나는 선한 목자라" (14절)

목자의 관심은 오직 양에게 있습니다. "나는 내 양을 알고" (14절)에서 '안다' (키노스코)는 것은 직관적(느낌)이고 순간적인 지식이 아니라, 경험적이고 계속적인 것입니다. 양의 특성은 ① 양은 온순하지만, 미련할 정도로 어리석고 ② 멀리 볼 수 없고 ③ 자기를 보호할 수 있는 어떤 힘도 없고(사 53:7) ④ 끊임없는 관심과 관리가 필요한 짐승입니다(마 9:36). 양과 같은 인생도 이와 마찬가지입니다.

"무리를 보시고 불쌍히 여기시니 이는 그들이 목자 없는 양과 같이 고생하며 기진함이라" (마 9:36)

"우리는 다 양 같아서 그릇 행하여 각기 제 길로 갔거늘" (사 53:6)

자신을 위해 사는 삶이 아니라 양의 안전과 생명을 위해 살아가는 목자처럼, 예수님도 우리에게 모든 관심을 가지고 우리를 위해 필요한 것이 무엇이며 어떤 상태인가를 살피십니다. 언제나 준비하고 있고, 언제나 사랑하고 있습니다. 특히 15절은 선한목자이신 예수님께서 양인 우리를 아시는 것은 하나님께서 예수님을 아시는 것과 같다고 하셨는데, 이는 최고의 사랑의 관계를 말합니다. 아버지는 자녀를 자기보다 더 사랑합니다. 자녀의 고통을 차라리 자신이 당했으면 하는 것이 부모의 마음입니다.

목자는 양을 위해 생명을 버린다

자신의 생명을 아끼지 않고 양을 지키는 목자의 사랑은 아낌없이 주는 사랑입니다. 최고의 사랑입니다. 예수님은 천하보다 귀한 단 하나뿐인 자신의 생명을 포기하시면서 까지 우리에게 생명을 주신 분이십니다. 이 세상은 이기심이 극에 달한 시기입니다. 개인주의가 발달한 시대입니다. 그래서 살기는 좋아졌지만 인심은 각박해지고, 악이 만연한 시대가 되고 말았습니다. 자기가 손해될 일은 하지 않으려고 합니다. 그러나 예수님은 모든 것을 다 주셨습니다.

실버스타인이라는 작가가 쓴 "아낌없이 주는 나무"라는 소설의 내용을 잠시 소개하고 싶습니다.

옛날 한 그루의 나무와 이 나무가 사랑하는 한 소년이 있었습니다. 소년은 매일 나무 주위에 떨어진 나뭇잎을 주워 왕관을 만들어 숲 속의 왕자 노릇을 하면서 나뭇가지에 매달려 열매를 따먹으며 즐거워했습니다. 소년이 나이가 들자 나무는 혼자 있을 때가 많았습니다. 어느 날 소년이 나무에게 말했습니다. "물건도 사고 신나게 놀고 싶은데 돈이 없다." 고 하였습니다. 나무는 자신에게는 돈이 없고 열매를 따 가서 팔아서 그 돈을 가지고 사고 싶은 것을 사라고 했습니다. 소년은 나무에 올라가 열매를 따서 가버렸습니다. 그리고는 오랫동안 소식이 없던 소년이 나타났습니다. 나무는 너무나 반가웠습니다. 소년에게 "얘, 가지에 매달려 즐겁게 놀아 보렴." 소년이 말했습니다. "나는 한가하게 놀 수 있는 시간이 없어 결혼도 하고 집도 지어야 해" 그러자 나무가 "그러면 나뭇가지를 베어가서 집을 지어 행복하게 살아라." 라고 말했습니다. 소년이 나뭇가지를 베어서 집으로 돌아가는 모습을 보며 이 나무는 오히려 행복했습니다. 오랜 시간이 지난 후 소년은 중년이 되어 나타나 "바다 건너 먼 곳으로 갈 배가 필요하다" 고 나무에게 말했습니다. 나무는 "그러면 내 나무 둥지로 배를 만들어" 라고 말했습니다. 이 소년의 뒷모습을 보면서 나무는 흐뭇해했습니다. 오랜 동안 그 소년은 나타나지 않았고 이 나무는 몹시 외로웠습니다. 오랜 후에 소년이 할아버지가 되어 나타났습니다. 나무는 매우 반가와 하며 "이제는 더 줄 것이 없네. 그러나 잘려 나간 나무 밑동에 앉아서 쉬어라"고 하였고, 소년은 앉아서 쉬었다고 합니다.

예수님은 인생을 좋은 길로만 인도하십니다. 풍성한 양식을 공급하며 자신의 생명까지 아끼지 않고 주셨습니다. 그러나 우리는 삶의 현장에 계신 예수님을 반가와 하지 않았습니다. 사춘기에 접어든 자녀들은 부모가 학교에 찾아오는 것을 싫어한다고 합니다. 왜 그렇습니까? 부모가 자신의 눈에 만족하게 보이지 않기 때문입니다. 인생도 예수님을 이렇게 외면합니다.

목자는 양을 인도하는 것을 가장 중요한 일로 생각한다

"또 이 우리에 들지 아니한 다른 양들이 내게 있어 내가 인도하여야 할 터이니 그들도 내 음성을 듣고 한 무리가 되어 한 목자에게 있으리라"(16절). 이 본문을 쉽게 정리하면 "나에게는 우리 안에 살고 있지 않은 다른 양들도 있습니다. 나는 그 양들도 데리고 와야 합니다. 그들도 내 음성을 듣고 마침내 한 떼가 되어 한 목자 아래 있게 될 것입니다."

목자는 양들이 우리에 들어오도록 끊임없이 부릅니다. 주님의 마음입니다.

양은 목자의 음성을 들어야 합니다. 당신은 어떻습니까? 당신의 귀는 어디에 온 정신을 쏟고 있습니까?

예수님은 우리의 전 생애를 인도해 주실 분이십니다. 이 세상에서뿐 아니라 영원한 생명을 주시는 분이십니다. 사도바울의 간절한 기도의 내용인 에베소서 3장 18-19절의 내용처럼 진정 하나님을 알고 예수 그리스도를 아는 단계에까지 이르기를 바랍니다.

"능히 모든 성도와 함께 지식에 넘치는 그리스도의 사랑을 알고 그 넓이와 길이와 높이와 깊이가 어떠함을 깨달아 하나님의 모든 충만하신 것으로 너희에게 충만하게 하시기를 구하노라"(엡 3:18-19)

예수님의 충격적인 선언

요한복음 8:51-59

51 진실로 진실로 너희에게 이르노니 사람이 내 말을 지키면 영원히 죽음
을 보지 아니하리라
52 유대인들이 이르되 지금 네가 귀신 들린 줄을 아노라 아브라함과 선지
자들도 죽었거늘 네 말은 사람이 내 말을 지키면 영원히 죽음을 맛보지
아니하리라 하니
53 너는 이미 죽은 우리 조상 아브라함보다 크냐 또 선지자들도 죽었거늘
너는 너를 누구라 하느냐
54 예수께서 대답하시되 내가 내게 영광을 돌리면 내 영광이 아무 것도 아
니거니와 내게 영광을 돌리시는 이는 내 아버지시니 곧 너희가 너희 하
나님이라 칭하는 그이시라
55 너희는 그를 알지 못하되 나는 아노니 만일 내가 알지 못한다 하면 나도
너희 같이 거짓말쟁이가 되리라 나는 그를 알고 또 그의 말씀을 지키노
라
56 너희 조상 아브라함은 나의 때 볼 것을 즐거워 하다가 보고 기뻐하였느
니라 57 유다인들이 이르되 네가 아직 오십 세도 못되었는데 아브라함
을 보았느냐
58 예수께서 이르시되 진실로 진실로 너희에게 이르노니 아브라함이 나기
전부터 내가 있느니라 하시니
59 그들이 돌을 들어 치려 하거늘 예수께서 숨어 성전에서 나가시니라

예수님의 충격적인 선언

인간이 해결할 수 없는 문제

죽음

과학이 인간의 수명을 100살 혹은 120살까지 연장시킬 수 있을는지 모르나 인간의 수명이라는 시간의 한계를 극복할 수 없습니다. 죽음을 극복하기 위해 노력하지만 불가능합니다. 애써 죽음을 외면해도 죽음은 피할 수 없습니다.

죄

죽음과 죄는 뗄 수 없는 관계에 있습니다. 성경은 "죄의 삯은 사망이요" 라고 말씀합니다. 과거의 죄 문제들을 지울 수 없습니다. 타임머신이라도 있으면 좋겠으나 그것은 불가능합니다. 과거의 죄를 어떻게 지울 수 있을까요? 성경은 "한번 죽는 것은 사람에게 정해진 것이요" (히 9:27) 라고 말씀합니다.

심판

"한번 죽는 것은 사람에게 정해진 것이요 그 후에는 심판이 있으리니"(히 9:27)

심판을 피할 수 있으면 얼마나 좋겠습니까? 사람이 마음을 졸이는 날이 바로 합격자나 성적을 발표하는 날입니다. 법정에서는 최종 판결 받는 날, 기대와 실망으로 엇갈려서 자신을 저주하기도 하고 삶을 후회하기도 합니다. 죽음 이후에는 모든 것이 끝나면 좋겠는데, 안타깝게도 죽음 이후에도 심판이 있다는 사실입니다. 세상의 형벌이나 괴로운 일들을 피해 자살하는 것이 문제의 해결이 아니라 더 큰 고통의 시작임을 안다면 삶을 회피하여 스스로 죽음을 선택할 수 없을 것입니다. 본문은 이런 문제를 깨끗하게 해결 해 줍니다.

예수님의 충격적인 선언

"사람이 내 말을 지키면 영원히 죽음을 보지 아니하리라"(51절)

예수님은 생명을 영원히 주시는 분입니다. 죽음은 도무지 해결할 수 없는 문제인데 예수님께서 영원히 죽음을 보지 않게 해 주겠다고 말씀하셨습니다. 이는 너무나 충격적인 말입니다. 하나님이 아니면 불가능한 선언입니다. 아브라함을 비롯한 모든 사람은 죽었습니다. 세상의 모든 위인과 성인도 죽었습니다. 그러나 예수님은 내 말을 지키면 영원히 죽음을 보지 않는다고 하십니다. 이는 예수님이 생명의 주관자임을 보여주는 것입니다.

죽음에 대한 처방

"예수께서 이르시되 나는 부활이요 생명이니 나를 믿는 자는 죽어도 살겠고"(요 11:25)

죽음의 문제를 해결할 수 있는 것보다 더 큰 기쁨이 있을까요? 바로 복음입니다. 예수님을 믿는 것입니다. 예수님이 해결사이십니다. 예수님은 인생이 죽어야 한다는 사실을 잘 아셨습니다.

그러나 죽음 이후에 부활을 가능하게 하심으로 죽음을 넘어서는 해답을 제시하셨습니다. 예수님은 나사로와 나인성 과부를 살리시므로 부활이 있다는 사실을 믿게 하셨습니다. 인류 역사상 죽음의 처방을 하신 분은 예수님 밖에 없습니다. 예수님은 하나님이십니다. 예수님은 "나와 아버지는 하나이니라"(요 10:30)고 하셨습니다.

사람의 머리로 이해할 수 없는 분

예수님의 이 말씀에 대해 도대체 당신이 누군데 그런 무식한 말을 하느냐는 식으로 유대인들이 대들고 있습니다. "유대인들이 이르되 지금 네가 귀신 들린 줄을 아노라 아브라함과 선지자들도 죽었거늘 네 말은 사람이 내 말을 지키면 영원히 죽음을 맛보지 아니하리라 하니 너는 이미 죽은 우리 조상 아브라함보다 크냐 또 선지자들도 죽었거늘 너는 너를 누구라 하느냐"(52-53절)

예수님을 사람(아브라함)과 비교하고 있습니다. 인간의 머리는 비교의 대상이 인간일 수밖에 없습니다. 그러나 주님은 그 누구와 비교할 수 없는 하나님이십니다.

잘못된 판단

'너는 너 자신이 누구인지 아느냐? 너는 귀신들렸구나. 너는 미쳤구나.' 이 세상은 정상적인 사람이 미움을 받고 미친 사람이라고 손가락질을 당할 수 있습니다. 불법이 너무 판을 치다보니 정상적인 사람이 오히려 바보처럼 여겨질 수 있기 때문입니다.

인간은 자기 생각 이상의 한계를 초월하기 어려운 존재

인간의 비교는 상대적입니다. 누구와 비교하고 판단합니다. 그러나 하나님이신 예수님은 비교될 수 있는 존재가 아닙니다. 예수님은 하나님의 아들로 하나님과 동등한 지식을 가지셨고 영광과 능력을 가지셨습니다. 그 예수님이 분명하게 말씀하셨습니다. "내가 그들에게 영생을 주노니"(요 10:28). 로마서 6장 23절을 보면 "죄의 삯은 사망이요 하나님의 은사는 그리스도 예수 우리 주 안에 있는 영생이니라" 고 말씀하셨습니다. 예수님만이 영원한 생명을 주시는 분이십니다. 예수님께서 이 생명을 주시기 위해서 이 땅에 오셨습니다.

"내게 영광을 돌리시는 이는 내 아버지시니"(54절)

예수님의 권위는 하나님으로부터입니다. 인간이 높여 준다고 높아지는 것이 아닙니다. 인간이 낮춘다고 낮아지는 분이 아니십니다. 이 세상의 권위와는 다른 하나님으로부터 받은 권위, 하나님께서 높여주시는 분이십니다. 대통령의 권위도 아무리 입으로 낮추어도 그 권위가 그내로 있는데, 하물며 예수님의 권위를 누가 낮출 수 있습니까? 사람과 역사가들의 평가는 아무런 영향력과 구속력이 없습니다.

"너희는 그를 알지 못하되 나는 아노니"(55절)

유대인들도 하나님을 알았습니다. 그러나 그들은 예수님을 몰랐습니다. 하나님께서 독생자로 보내 주신 예수님, 자신을 구원해 주기 위해 독생자이신 예수님을 보내 주신 하나님의 사랑을 그들은 몰랐습니다. 아버지의 마음을 모르는 자녀도 아버지를 안다고 자신있게 말합니다. 예수님을 믿지 않는 사람은 하나님을 논할 수 없습니다. 예수님의 십자가 사랑을 체험하지 못한 사람도 주님을 말할 수 있지만, 사실은 주님을 모르는 사람과 똑같음을 알아야 합니다. 아는 것은 그분의 뜻에 순종할 때 가능합니다. 그분이 주는 양식을 먹어보면 그분의 뜻을 알 수 있지 않습니까? 주님을 만나면 만날수록 완벽하신 분이십니다. 멋있고, 사랑하지 않고는 견딜 수 없는 분이십니다. 그래서 스데반은 돌에 맞아 죽었고, 바울과 베드로도 예수님을 전하다가 순교했습니다.

이스라엘 백성들은 하나님께서 메시야를 보내주신다는 사실을 알았으나, 정작 메시야이신 예수님께서 눈앞에 나타나셨을 때 그들은 믿지 않았습니다. 단지 나사렛이란 이름 없는 동네의 목수인 요셉의 아들이 메시야가 될 수 없다는 편견 때문이었습니다. 그래서 그들은 예수님을 무시하고 조롱했습니다. 전혀 메시야 대우를 해주지 않았습니다. 여러분도 머리로는 알지만 삶 속에서 주님의 말씀을 무시하고 산다면 오늘 주님은 우리에게 "너희는 하나님을 알지 못하나니" 라고 말씀하실 것입니다.

"너희 조상 아브라함은 나의 때 볼 것을 즐거워 하다가 보고 기뻐하였느니라"(56절)

예수님은 영원한 구원자이십니다. 아브라함도 예수님을 가다렸다는 말씀입니다. 아브라함의 소원도 나를 기다리는 것이었다고 말씀합니다. 모든 인류가 기다려야 할 소망은 예수님이십니다(찬송가 95장 -나의 기쁨 나의 소망되시며 나의 생명이 되신 주). 왜 예수님이 소망이십니까? 인간의 모든 문제를 해결해주신 분이기 때문입니다. 그리고 그 주님은 살아계신 분이기 때문입니다. 살아 있어도 우리와 상관이 없으면 아무런 유익을 주지 못할 것입니다. 그러나 주님은 아닙니다. 우리를 천국까지 인도할 안내자이시며, 우리의 죄를 구원해 주실 구원자이기 때문입니다.

"진실로 진실로 너희에게 이르노니 아브라함이 나기 전부터 내가 있느니라 하시니"(58절)

주님이 영원자임을 밝히는 말씀입니다. 내 과거와 현재를 주장하시는 분이십니다. 또한 예수님은 완벽한 치료자이며, 상담자이십니다. 아브라함 시대에도 예수님은 계셨습니다. 그 이전에도 계셨고, 지금도 계시고, 먼 훗날에도 계실 분입니다.

당신은 어떤 상담자를 원하십니까? 내 과거를 완벽하게 아시며, 내 현재 속에서 변화를 일으키시고, 또 불확실한 미래를 향해서 나와 함께 하시며, 놀라운 소원을 이루어 주실 분에게 모든 문제를 내놓고 의논하여 해결 받고 싶지 않습니까? "이는 한 아기가 우리에게 났고 한 아들을 우리에게 주신 바 되었는데 그의 어깨에는 정사를 메었고 그의 이름은 기묘자라, 모사라"(사 9:6). 영어성경에는 '모사' 가 '카운셀러' (상담자) 로 기록되어 있습니다. 주님은 상담자로 과거를 아십니다. 나의 과거의 죄와 상처를 치료하실 수 있는 분입니다. 뿐만 아니라 현재도 바꾸실 수 있는 분이며, 미래를 가장 좋은 길로 인도하십니다. 그 주님이 우리와 함께 하시기에 걱정할 필요가 없는 것입니다.

어떤 분이 빌리그래함 목사님께 물었습니다. "목사님은 장차 올 미래에 대해 많은 설교를 했는데, 그렇다면 목사님 자신은 미래에 대해서 잘 알고 있습니까?" 빌리그래함은 말했습니다. "나는 나의 미래를 모릅니다. 그러나 누가 나의 미래를 붙들고 있는지 알고 있습니다." 여러분의 미래를 누가 붙들고 있습니까? 주님 앞에 나오는 사람마다, 주님을 신뢰하는 사람마다 그의 과거를 치료해 주시고 다 용서하십니다. "그들의 죄와 그들의 불법을 내가 다시 기억하지 아니하리라"(히 10:17) 이 놀라우신 치유자, 인생문제의 해결자이신 예수님이 여러분을 부르고 있습니다.

여러분은 왜 인생을 살면서 넘어지고 고통스러워하며, 미워하십니까? 여러 가지 모양으로 설명하려고 하지 마십시오. 주님은 우리가 살면서 넘어지는 이유를 아십니다. 바로 죄 때문입니다. 아담과 하와가 죄를 범한 후 모든 괴로움이 그들을 덮치지 않았습니까? "욕심이 잉태한즉 죄를 낳고 죄가 장성한즉 사망을 낳느니라"(약 1:15)

주님은 말씀하셨습니다. "죄를 범하는 자마다 죄의 종이라"(요 8:34) "진리를 알지니 진리가 너희를 자유롭게 하리라"(요 8:32) "그러므로 아들이 너희를 자유롭게 하면 너희가 참으로 자유로우리라"(요 8:36) 예수님은 영원한 치유자로 오셨습니다. 치유자이신 예수님이 내 삶 속에 오신 사실은 감사와 찬양을 드릴 수밖에 없는 감격의 사건이 아닐 수 없습니다. 영원한 치유자이신 예수님이 이 시간 여러분과 함께 하십니다.

치료자이신 예수님을 영접하십시오.

영접은 순간에 이루어집니다.

순간을 사는 인생이 예수님을 영접하므로 영원을 소유하게 됩니다. 한 사람이 구원을 받는데 오랜 시간이 걸리지 않습니다. 오랜 시간을 통해 점차적으로 구원을 얻는 것이 아닙니다. 죄를 인정하기까지는 오랜 시간이 걸릴 수 있으나 구원은 죄로부터의 해방으로 순간에 이루어집니다.

내 아버지 집

요한복음 14:1-3

1 너희는 마음에 근심하지 말라 하나님을 믿으니 또 나를 믿으라
2 내 아버지 집에 거할 곳이 많도다 그렇지 않으면 너희에게 일렀으리라
내가 너희를 위하여 거처를 예비하러 가노니
3 가서 너희를 위하여 거처를 예비하면 내가 다시 와서 너희를 내게로 영
접하여 나 있는 곳에 너희도 있게 하리라

내 아버지 집

요즘 사람들의 관심은 부동산이요, 아파트입니다. 사람들은 집에 대한 욕심이 많습니다. 새 집을 마련하여 이사할 때의 설레임은 그 어떤 것을 소유했을 때보다 더합니다.

사람들은 새 집에 살면서 처음에는 좋아하다가도 곧 싫증을 느끼고 더 크고 좋은 집으로 이사하려고 합니다. 사람들은 이 세상에만 관심이 있습니다. 어느 대학 교수가 신문에 기고한 글을 보니 요즘 부부들의 대화 중 가장 중요한 부분을 차지하는 것이 돈이라고 합니다.

이처럼 세상의 삶에 관심이 많기에 "하나님의 나라", "저 세상의 이야기", "천국"에 대한 이야기는 별 흥미를 느끼지 못할는지 모르나 이것은 인생에게 가장 중요합니다. 영원한 종착지에 대해 성경이 분명하게 말씀하고 있고 이 사실은 큰 위로와 소망이 되기 때문입니다.

천국은 내 아버지 집이다

예수님께서 내 아버지 집이라고 한 천국은 우리에게도 내 아버지 집입니다. 내 아버지 집은 가장 포근한 곳이요, 가장 편안한 곳입니다. 천국은 우리가 쉴 곳입니다. 그리고 사랑하는 사람이 있는 곳입니다.

죽음 건너편에 거처가 존재한다는 것은 놀라운 일이다

"만일 땅에 있는 우리의 장막 집이 무너지면 하나님께서 지으신 집 곧 손으로 지은 것이 아니요 하늘에 있는 영원한 집이 우리에게 있는 줄 아느니라"(고후 5:1) 일시적으로 거할 수밖에 없는 불완전한 집이 아닌 영원히 거할 완전한 집입니다. 일시적인 세상에서 살 집을 위해 얼마나 많은 것을 투자하고 있습니까? 영원한 집을 위해 투자합시다.

하나님의 자녀 된 그리스도인들이 거할 수 있는 집입니다. 사람들을 위한 거처입니다. 영원히 거할 수 있는 거처로 이 세상 나그네 생활을 청산한 자가 가는 곳입니다.

이 세상에는 세 종류의 사람이 있습니다. 인생이 어디로 가는지, 어디로 가야 하는지를 몰라 애태우는 사람이 있는가 하면, 이미 확신을 가지고 살아가는 사람과, 현재가 너무 달콤하고 재미있어 인생이 어디로 가는 존재인지 생각하지 않고 사는 사람이 있습니다.

성경은 진리를 가르치고 있습니다. 진리는 하나님께서 가르쳐 주신 것입니다. 그러나 다른 종교는 진리를 자신의 깨달음으로 알아가려고 합니다. 수양이나 선행을 통해 깨우치고 진리를 알아보려고 발버둥치기 때문에 언제나 불안하고 근심어린 삶을 살 수 밖에 없습니다.

그러나 예수님은 분명하게 말씀하십니다. "평안을 너희에게 끼치노니 곧 나의 평안을 너희에게 주노라 내가 너희에게 주는 것은 세상이 주는 것과 같지 아니하니라 너희는 마음에 근심하지도 말고 두려워하지도 말라" (요 14: 27) 예수님이 해답입니다.

그리고 주님이 바로 진리이며, 인생문제의 해결자입니다. 어떤 기관에서 각 종교에 대한 확신 정도를 조사해 본 결과 대부분 다른 종교를 믿는 사람의 80% 이상, 불교를 믿는 사람 90% 정도가 자기의 종교에 대한 확신이 없었고 기본적인 교리조차 말하지 못하더라는 것입니다.

내 아버지 집(천국)은 거할 곳이 많다

① 천국은 누구든지 들어갈 수 있습니다.

② 천국은 영화로운 평등이 존재하는 곳입니다. 이 세상은 불공평합니다. 어떤 사람은 부하고, 어떤 이는 가난하고, 또 어떤 이

는 건강하고, 어떤 이는 병들어 있고, 어떤 사람은 성공하고, 어떤 이는 패배하고, 천국은 이런 불평등이 없습니다.

③ 당신도 들어갈 수 있습니다. 공부를 별로 못했는데 서울대학교에 들어갔다면 이는 대단히 놀라운 일입니다. 그러나 천국에 들어갈 수 있다는 사실은 더 놀라운 일입니다.

④ 천국은 반갑게 상봉하는 곳입니다. 보고 싶은 사람들을 만난다는 기쁨은 참으로 대단한 것입니다. 이 세상의 죽음 앞에서 영원한 이별인 것처럼 절규하는 사람들은 죽음 건너편에 영원한 만남이 있다는 사실을 모르기 때문입니다. 믿음의 형제는 누구든지 천국에서 만나게 됩니다.

하나님의 나라에 들어오는 자의 수를 제한하지 않습니다. 얼마든지 받아주십니다. 세상은 자격이 있지만 그곳에 들어가는 자의 자격은 단지 예수님을 믿기만 하면 됩니다. "수고하고 무거운 짐 진 자들아 다 내게로 오라 내가 너희를 쉬게 하리라"(마 11:28)

예수님이 우리를 위해 거처를 준비하고 계신다

예수님이 준비하시는 거처는 실제적인 것입니다. 허구적이거나 추상적인 세계가 아닙니다. 말씀을 통해 알 수 있습니다. 우리가 상상하는 곳보다 훨씬 좋은 곳일 것입니다.

나면서부터 맹인 된 소년이 있습니다. 그 소년은 자연의 아름다움과 영광을 볼 수 없었습니다. 그렇지만 어머니는 자연과 사물에 대해 최대한의 설명을 했습니다. 어느 날 명성 있는 안과 전문의를 만나서 수술을 받게 되었습니다. 그 유명한 의사가 수술 성공에 대한 가능성을 제시했기 때문입니다.

수술은 성공리에 끝나고 소년의 눈에는 붕대가 감겨졌습니다. 시간이 지나 붕대를 풀어야 할 시간이 되었습니다. 의사는 한 겹 한 겹 붕대를 풀었습니다. 이윽고 마지막 한 겹이 풀어지고 소년의 눈이 보였습니다. 소년은 눈을 뜨고 사물을 보기 시작했습니다. 신기한 것들을 보고 놀라운 표정을 짓기 시작했습니다. 잠시 후 창가로 가서 산과 구름, 그리고 아름다운 꽃과 풀과 새들과 나무를 보며 어머니에게 말했습니다.

"어머니, 이렇게 아름다운 세상이 있다고 왜 진작 말씀해 주시지 않았나요?" 어머니는 감격의 눈물을 흘리면서 "얘야 그것을 어떻게 말로 다 표현해 줄 수 있겠니?" 라고 대답했습니다.

천국을 어떻게 말로서 표현할 수 있겠습니까? 최선을 다해서 설명할 수 있을 뿐입니다. 우리가 천국에 도착했을 때, 우리가 꿈꾸어 오던 것보다 몇 백 배, 아니 몇 천 배 놀라운 곳일 것입니다. 천국은 우리가 거할 거처입니다.

예수님이 준비하신 거처(계 21:9-17)

하나님께로부터 하늘에서 오는 나라(10절)

사람들이 만든 나라가 아니라 하나님으로부터 하늘에서 내려 온 나라입니다. 지상의 나라는 언젠가는 역사의 뒤안길로 사라지지만 하나님의 나라는 영원합니다.

거룩한 나라(10절)

천국에는 죄가 없습니다. 이 세상의 죄가 우리의 심령과 가정을 깨뜨립니다. 천국에는 우리를 유혹하고 시험하여 죄에 빠뜨리는 것은 하나도 없습니다. 죄가 없기에 그곳은 죽음도 없습니다. 지상에서는 날마다 죽음이 사람들이 사는 집 대문을 두드리지만 그곳은 죽음이 없습니다.

세속적인 나라와 다릅니다. 죄악으로 오염된 구제 불능의 나라가 아닙니다. 인간의 때가 묻지 않은 거룩한 나라입니다. 요한계시록 21장 11절에 하나님의 나라에는 "하나님의 영광이 있어"라고 말씀하고 있습니다. 이 세상은 인간의 영광이 가득 차 있다면 하나님의 나라는 하나님의 영광으로 가득 차 있습니다. 인간의 영광이 가득

찬 곳은 아픔과 눈물, 거짓, 욕심 등으로 가득하지만 하나님의 나라는 거룩하신 하나님의 영광만이 가득한 곳입니다.

빛나고 깨끗한 나라(11절)

"그 성의 빛이 지극히 귀한 보석 같고 벽옥과 수정 같이 맑더라" 지극히 귀한 보석, 벽옥 수정은 깨끗함과 순수함을 의미합니다. 하나님의 나라는 모든 것이 순수하고 깨끗한 사람들이 사는 나라입니다. 권모술수와 배신, 이해타산을 위한 투쟁이 없습니다. 모든 사람의 마음이 보석처럼 반짝이고 수정알처럼 맑게 들여다 볼 수 있는 곳입니다.

12개의 문이 있다(12-13절)

이 문은 동쪽에 세 문, 서쪽에 세 문, 남쪽에 세 문, 북쪽에 세 문, 도합 12개의 문입니다. 이는 동서남북 어디에서나 들어올 수 있다는 의미입니다. 어디서나 천국에는 들어갈 수 있습니다. 이는 하나님의 사랑의 배려라고 할 수 있습니다. 성경에 나오는 3의 수는 하나님의 수, 4는 세상의 수인데, 하나님의 수와 세상의 수를 곱하면 12가 됩니다. 이는 하나님께서 세상을 위해 준비하시고 열어 두신 문으로 그 문은 어디에서든, 누구든지 들어갈 수 있는 곳입니다. 하나님의 넓은 마음과 사랑을 알 수가 있습니다.

하나님 나라의 크기(15-17절)

15-17절의 내용을 쉽게 정리하면 다음과 같은 내용입니다. "천사가 금으로 만든 측량자를 손에 들고 성을 재어보니 사방 길이와 높이가 똑같은 입방체라는 것을 알 수 가 있었습니다. 그 길이는 2400㎞나 되었으며 천사가 성벽의 두께를 재어보니 65m나 되었습니다." 성경에 보면 성전제단이 정입방형이었습니다(출 27장). 그리고 에스겔 41장의 예루살렘성도 정입방형이며, 솔로몬성전의 지성소도 정입방형이었습니다.

여기서 일만 이천 스다디온이라고 하였는데, 1스다디온은 약 20m로 이 성의 총 면적은 576만㎢로 사람이 일반적으로 들어가 살 수 있는 숫자가 500-1000억 정도라고 하니 천국에 들어가서 살 자리가 없을까 봐서 염려하지 않아도 됩니다.

이 사실만 봐도 하나님은 모든 인류를 다 받아 주실 준비를 하고 계신 사랑의 하나님이심을 알 수가 있습니다. 천국은 재능도 아니고 재물도, 명예도, 지식도 아닙니다. 천국의 커트라인은 없습니다. 아무나 오라고 말씀하십니다.

거처가 준비되면 다시 오신다

기회가 언제나 있는 것은 아닙니다. 거처가 준비되면 우리는 이 세상에서의 삶을 끝내야 합니다. 더 살고 싶어도 준비된 거처로 가야 합니다. 그러므로 천국 아파트 분양은 한 번에 끝납니다. 그러나 분양 광고는 너무나 깁니다. 이 세상을 사는 동안입니다.

노아의 홍수를 위해서는 120년이었고, 천국은 이 세상을 사는 동안 계속해서 분양 광고를 하고 있습니다. 그런데 천국 아파트는 분양 받기 위해 신청금이 필요 없습니다. 중도금도 필요 없습니다. 세상에서 착하게 살지 못했을지라도 단지 예수님을 믿기만 한다면 이 거처를 분양 받을 수 있습니다.

우리를 영접하기 위해서 오신다

예수님은 분양된 아파트로 직접 안내하기 위해서 행차하십니다. 대한주택공사에 입주하는 분들을 위해 대한주택공사 사장이 직접 모시러 옵니까? 현대아파트 입주 시 현대건설 사장이 직접 모시러 옵니까? 아닙니다. 그러나 예수님은 직접 찾아 오셔서 우리를 데리고 가십니다. 이 얼마나 황송한 일입니까? 주님의 모든 사역은 바로 우리를 위함입니다.

이는 아버지가 아들을 기다리는 마음이요, 어머니가 자녀를 사랑하는 마음입니다. 사도 요한은 이렇게 말씀하고 있습니다. “사랑은 여기 있으니 우리가 하나님을 사랑한 것이 아니요 하나님이 우리를 사랑하사 우리 죄를 속하기 위하여 화목 제물로 그 아들을 보내셨음이라” (요일 4:10)

아버지 집에서 영원히 함께 거하게 하기 위해서 오신다

좋은 집이 있어도 누구와 함께 사느냐 하는 것이 중요합니다. 아무리 아름다운 궁전이라고 해도 마귀와 살면 그곳은 지옥입니다. 그러나 나를 위해 십자가에 돌아가신 분, 우리를 너무 사랑하시는 주님께서 우리와 함께 살아 주십니다.

천국의 소망을 가지고 살자

죽음 건너편에 우리 집이 있는데 왜 사람들이 죽음을 두려워해야 합니까? 여러분, 천국의 처소, 천국의 아파트를 예약하고 싶습니까? 이 시간 예수님을 믿으십시오! 성경은 말씀합니다. 요한은 천국에 있는 허다한 무리를 보았을 때 장로 중 하나가 "이는 큰 환란에서 나오는 자들인데 어린 양의 피에 그 옷을 씻어 희게 된 자들"(계 7:14) 이라고 했습니다. 예수님이 우리의 죄를 대신해서 십자가에 죽으셨다는 사실을 믿기만 한다면 이 시간 여러분은 천국 아파트를 예약한 것입니다. 예수님의 피로서만 우리의 죄를 깨끗하게 할 수 있기 때문입니다. 이 시간 예수님을 믿으십시오!

어떤 배가 폭풍을 만나 항로를 이탈했습니다. 파도와 싸우다가 겨우 어떤 무인도에 도착하였습니다. 그러나 배는 이미 부서져서 제 기능을 할 수 없게 되었고 승객들은 이 섬에서 정착하게 되었습니다. 다행히 무인도에서 몇 달 동안 살 수 있는 식량이 남아 있었습니다. 그리고 배 안에는 곡식을 추수할 수 있는 씨앗도 남아 있었습니다. 그 땅은 비옥했기에 씨앗을 심기만 하면 몇 달 후에는 풍성한 식량을 추수할 수 있었습니다.

그들은 씨앗을 심기 위해 땅을 파기 시작했습니다. 그런데 놀라운 일이 생겼습니다. 그 땅에 황금덩어리가 있는 것을 발견한 것입니다. 사람들은 흥분하기 시작했고, 다른 곳에도 황금이 있나 해서 동분서주하기 시작했습니다. 몇 달 후에 황금은 산더미처럼 쌓였습니다. 그런데 그들의 식량은 거의 바닥을 드러내고 말았습니다. 그때서야 사람들은 밭에 나가 땅을 일구어 씨를 뿌렸습니다. 그러나 이미 때는 늦었습니다. 파종할 시기를 놓쳐버린 것입니다. 그들은 산더미 같은 황금덩어리에 쌓여서 굶어죽고 말았습니다.

이 세상 사람들은 놀라운 천국에 대해 관심이 없습니다. 이 세상에서 좋은 집을 사서 이사할 준비는 잘해도 마지막 이사지인 천국에 대한 준비는 하지 않는 사람들이 많습니다. 천국은 실제로 존재하는 곳입니다. 성경이 분명하게 증거하고 있습니다.

"만일 땅에 있는 우리의 장막 집이 무너지면 하나님께서 지으신 집 곧 손으로 지은 것이 아니요 하늘에 있는 영원한 집이 우리에게 있는 줄 아느니라"(고후 5:1) 예수님은 자신이 직접 거처를 준비하고 계신다고 말씀하셨습니다.

"내 아버지 집에 거할 곳이 많도다 그렇지 않으면 너희에게 일렀으리라 내가 너희를 위하여 거처를 예비하러 가노니 가서 너희를 위하여 거처를 예비하면 내가 다시 와서 너희를 내게로 영접하여 나 있는 곳에 너희도 있게 하리라"(요 14:2-3)

천국이나 지옥에 대해 아무리 부인해도 창조주이신 하나님께서 준비하신 처소를 실제적으로 피할 수 없는 것이 인생입니다. 그럼에도 내일이 내 것인 양 자신 있게 살아가는 당신은 도대체 무슨 배짱으로 살아가고 있습니까?

천국을 예약하십시오. 누구든지 자격이 있습니다.

예수님이 당신의 죄 값을 대신 지고 십자가에 죽으시고 부활하신 사실을 인격적으로 받아들이고 주인으로 모시고 살기만 한다면 이 세상에서 미리 천국의 삶을 맛볼 뿐만 아니라 죽음 이후의 천국 아파트 분양을 지금 즉시 받을 수 있습니다.

"진실로 진실로 너희에게 이르노니 믿는 자는 영생을 가졌나니"(요 6:47)

예수님을 믿는 즉시 당신이 천국을 소유할 하나님의 자녀가 된다는 주님의 약속입니다.

역사상 최고의 방문

요한복음 1:10-13

10 그가 세상에 계셨으며 세상은 그로 말미암아 지은 바 되었으되 세상이
그를 알지 못하였고
11 자기 땅에 오매 자기 백성이 영접하지 아니하였으나
12 영접하는 자 곧 그 이름을 믿는 자들에게는 하나님의 자녀가 되는 권세
를 주셨으니
13 이는 혈통으로나 육정으로나 사람의 뜻으로 나지 아니하고 오직 하나님
께로부터 난 자들이니라

역사상 최고의 방문

언제나 함께 하신 예수님

"그가 세상에 계셨으며 세상은 그로 말미암아 지은 바 되었으되"(10절) 예수님은 세상에 계신 분이며, 세상을 창조하신 분입니다. 세상은 그리스도와 일반적으로 접촉하고 있으며 세상은 주님의 능력으로 성립되었습니다.

세상을 지으신 예수님은 오직 이 세상에 대한 관심 외에 나른 관심이 없는 것처럼 이 세상을 간섭하시고 사랑하셨습니다. 이처럼 세상에 대한 예수님의 사랑과 관심은 대단합니다. 그런데 사람들은 하나님의 뜻이 무엇인지, 관심이 무엇인지에 대해 무지하였습니다. 오히려 관심이 없었습니다. 하나님은 독생자이신 예수님을 이 땅에 보내셔서 죄로부터 떠나서 하나님의 자녀로서의 삶을 살도록 하셨지만 인간은 이런 하나님의 말씀을 거부하였습니다.

인간이 하나님을 모르게 된 원인

범죄 하였기 때문입니다. 사람이 병에 걸려 감각을 상실한 것과 같습니다. 병이 들면 맛을 잃어버립니다. 죄악은 하나님과 인간 사이의 장벽을 만듭니다. 어떤 사람이 밤중에 길을 잘못 들어서 밤새도록 헤매며 고생을 많이 하였습니다. 날이 샌 다음 보니 자기 집을 지나서 들에서 방황 하였습니다. 어두움은 사람을 어리석게 만듭니다. 마음이 어두워진 자는 하나님이 가까이 계셔도 찾지를 못합니다. "이는 사람으로 혹 하나님을 더듬어 찾아 발견하게 하려 하심이로되 그는 우리 각 사람에게서 멀리 계시지 아니하도다" (행 17:27)

범죄는 에덴동산에서 아담과 하와로부터 시작되었습니다. 하나님은 에덴동산을 만드시고 에덴동산에서 아담과 하와와 함께 거닐기를 좋아하셨으나 선악과를 따 먹은 아담과 하와가 마음의 장벽을 쌓고 하나님의 얼굴을 피하여 도망을 치기 시작했습니다. "그들이 그 날 바람이 불 때 동산에 거니시는 여호와 하나님의 소리를 듣고 아담과 그의 아내가 여호와 하나님의 낯을 피하여 동산 나무 사이에 숨은지라 여호와 하나님이 아담을 부르시며 그에게 이르시되 네가 어디 있느냐 이르되 내가 동산에서 하나님의 소리를 듣고 내가 벗었으므로 두려워하여 숨었나이다" (창 3:8-10)

범죄는 자책감을 만들어 하나님께로부터 멀어지게 합니다. 11절을 보면 이 사실을 더욱 확실하게 알 수가 있습니다. "이르시되 누가 너의 벗었음을 네게 알렸느냐" 다른 사람이 아무런 말을 하지 않아도 죄지은 자는 하나님을 무서워하고 두려워하여 피할 뿐 아니라 나중에는 하나님을 애써 부인합니다. 그리고 끝내는 하나님의 존재까지도 없다고 말합니다.

하나님께서 인간을 지으신 목적이 인간으로 하여금 하나님을 아는 자가 되게 하려는데 있으므로 인간이 하나님을 모를 때 하나님은 가장 섭섭해 하십니다.

하나님의 방문과 인간의 거부

"자기 땅에 오매 자기 백성이 영접하지 아니하였으나"(11절) 여기서 자기 땅은 이스라엘을 가리킵니다. 하나님은 환영 받아야 할 이스라엘에서조차 멸시받고 조롱받은 것입니다. 하나님의 방문은 끈질깁니다. 그러나 인간은 계속해서 거부합니다. 노아 시대의 범죄를 보시면서 하나님은 노아를 통해 120년 동안 이 세상의 심판에 대해 경고하셨습니다. 120년은 결코 짧은 기간이 아닙니다. 그리고 소돔과 고모라의 타락을 보신 하나님은 그대로 방치하시지 않고 천사들을 보내서 경고하셨습니다. 그러나 롯의 사위는 농담으로 여기면서까지 소돔과 고모라의 향락에 빠져들었고, 롯의 아내는 물질에 대한 애착으로 소금기둥이 되고 말았습니다.

인생의 무지

"세상은 그로 말미암아 지은 바 되었으되"(10절) 세상이 어떻게 생겼으며, 인생이 어떻게 시작되었는지 잘 모르는 것이야말로 인생을 파멸로 몰아넣게 되는 가장 큰 이유가 됩니다. 하나님은 인생을 양으로 비유하시면서 양의 무지함과 나약함을 일깨워 주시지만 인간은 스스로 대단한 존재인 것처럼 착각합니다.

예수 그리스도를 알아라

예수님은 창조주 하나님과 함께 이 세상을 창조하신 분입니다. "만물이 그로 말미암아 지은 바 되었으니 지은 것이 하나도 그가 없이는 된 것이 없느니라"(요 1:3) 여기서 요한은 예수님에 대해 말씀하고 있습니다. 예수님은 창세전부터 이미 하나님과 함께 계신 것입니다.

자기 땅에 오심

왜 하나님께서 그 아들을 이 세상에 보내기로 하셨을까요? 예수님께서 자기 땅에 오심은 대단한 방문입니다. 죄의 심각성 때문에 예수님께서 직접 오신 것입니다. 하나님은 인간이 죄악으로부터 벗어나 구원 얻기를 원하시기 때문입니다.

가르치기 위해서만 오신 것이 아니다

예수님은 갈보리 십자가에서 우리의 죄를 대신해서 죽으시기 위해 오셨습니다. 가르치는 훌륭한 교사로 대접받기 위함도 아니고 진리만을 가르치기 위함도 아니었습니다. 주님이 직접 십자가에 돌아가시는 인류 최고의 형벌을 받으시기 위해 오신 사건으로 예수님 자신에게는 최고의 비극적인 사건이었습니다. 예수님은 우리에게 평화를 주시기 위해 오셨으나 자신은 단 한번도 평화를 누리지 못하셨습니다. 예수님은 죄인을 대신하여 죽기 위해 오셨습니다.

"우리가 아직 죄인 되었을 때에 그리스도께서 우리를 위하여 죽으심으로 하나님께서 우리에 대한 자기의 사랑을 확증하셨느니라" (롬 5:8)

"하나님이 세상을 이처럼 사랑하사 독생자를 주셨으니 이는 그를 믿는 자마다 멸망하지 않고 영생을 얻게 하려 하심이라" (요 3:16)

자기 아들을 보내서 모든 인류를 구원하시기로 하신 이 소식보다 더 감동적인 소식이 어디 있습니까?

어떤 젊은 의사가 선교사로 중국에 갔습니다. 중국에 간 지 얼마 되지 않아 많은 사람들의 목숨을 빼앗아 가는 무서운 병이 유행처럼 번지기 시작했습니다.

그 당시 중국은 의학이 발달하지 않아 그 병의 원인을 규명조차 할 수 없었습니다. 이 의사는 위험을 무릅쓰고 이 병에 대해 연구하기 시작했습니다. 의학서적도 없었고 연구실도 없었으나 환자 한 사람 한 사람을 조사하여 그들의 증상을 노트에 기록하기 시작했습니다. 그리고는 몇 개의 시험관에 이 병을 일으키는 병균을 담아 미국으로 돌아가는 배를 탔습니다. 그는 뉴욕에 도착하기 직전에 자기 몸에 병균을 옮겨 놓았습니다. 그리고는 홉킨스 병원으로 달려갔습니다. 그는 자신의 몸을 실험 재료로 의사와 의과대학 교수들에게 제시하였던 것입니다.

이 젊은 의사는 병에 걸려 아픔과 고열에 시달리고 의식을 잃는 죽을 고비를 몇 번이나 넘겼습니다. 그 결과 미국의 의사들은 이 병의 치료법을 알아냈고, 이 의사도 하나님의 은혜로 그 병으로부터 살아났습니다. 건강을 찾기가 무섭게 젊은 의사는 병의 치료법을 가지고 중국으로 되돌아가서 많은 사람의 생명을 구했다고 합니다. 젊은 의사는 장난삼아 이 일에 자신의 몸을 바친 것이 아니었습니다. 자신에게는 심각한 일이었습니다. 사람들은 그 의사의 감동적인 사랑의 이야기를 지금도 기억하고 있다고 합니다.

이처럼 예수님도 자신의 몸을 우리에게 아낌없이 주셨기에 우리 죄가 용서받을 수 있게 된 것입니다.

죄라는 악질적인 병으로부터 놓임 받게 된 순간 우리는 하나님의 자녀가 되는 축복과 함께 천국을 소유할 수 있는 천국 시민권까지 허락받으므로 참으로 큰 축복을 소유하게 된 것입니다. 예수님의 대가는 참으로 큰 것이었습니다. 전 인류가 도무지 해결할 수 없는 죄라는 악질적인 병에서부터 벗어날 수 있는 인류 최고의 기쁜 소식이었으니까요.

영접치 아니함

많은 사람들은 예수님에 대해 관심이 없습니다. 그리스도에 대한 관심이 보잘 것 없는 매일 쓰는 세상의 물건이나 쓰러져가는 오두막집을 바라보는 것보다 더 못합니다. 예수님을 믿고도 예수님에 대한 무관심으로 살지 않습니까? 여자들의 분노는 대체적으로 남편들의 무관심에서부터 시작됩니다. 여자들이 반란을 일으키면 가정에 심각한 결과를 가져오지 않습니까? 이와는 반대로 아내들도 남편에 대해 무관심한 경우가 있습니다.

신랑이신 주님은 세상 사람들을 한 영혼이라는 관점에서 봅니다. 일대 일로 보십니다. 이상할 정도로 하나님은 우리 모두를 일대 일로 취급 해 주십니다. 해와 달도 나만 비추어 주십니다. 그리고 한 영혼이 천하보다 귀하다고 하십니다. "사람이 만일 온 천하를 얻고도 자기 목숨을 잃으면 무엇이 유익하리요 사람이 무엇을 주고 자기 목숨과 바꾸겠느냐"(막 8:36-37) 영혼에 대한 하나님의 사랑과 집착이 바로 예수님을 보내신 사랑으로 나타난 것입니다. 그럼에도 불구하고 영접하지 않는 사람들은 무관심합니다.

영접

개인적인 영접

'영접' 이라는 말의 헬라어 '람바노' 란 말은 개인적인 영접의 의미를 가지고 있습니다. 구원은 개인의 능력이나 어떤 집단에 속한 것과 상관없는 개인적인 영접입니다. 어떤 경우도 다른 사람의 영향을 받을 수 없습니다. 다른 사람의 믿음의 덕을 전혀 볼 수 없습니다. 하나님의 자녀가 되는 길은 예수 그리스도를 개인적인 구주로 영접하는 길 밖에 없습니다.

영접은 삶의 방향을 전환하는 것입니다

에베렛은 이런 말을 하였습니다. "자기가 지옥가야 마땅한 인생임을 깨닫는 사람이라야 진정으로 천국에 합당한 사람이다." 영접은 자신이 죄인임을 솔직하게 인정하고 예수님을 구세주로 받아들이는 것입니다. 하나님께서 죄를 얼마나 미워하실까 생각해 본 적이 있습니까?

래틀 스네이크라는 애완용 독사를 키우던 사람이 집에 돌아와 보니 두 살짜리 아들이 뱀이 들어 있는 유리통을 깨뜨리는 바람에 뱀이 나와서 아들을 물고 또 물어서 아들은 독이 퍼져서 죽고 말았습니다. 이 모습을 본 아버지는 거의 미치다시피 하여 도끼를 들고 독사를 쳐 죽이고 계속해서 열 토막 스무 토막을 내었습니다.

하나님께서도 이처럼 그의 독생자이신 예수님을 죽게 하신 죄를 너무나 미워합니다. 예수님은 우리의 죄 때문에 죽어 주신 것입니다. 그런데도 사람들은 죄로부터 피하기는커녕 이런 핑계, 저런 핑계로 죄를 가까이 합니다. 하나님의 자녀가 되었다는 사람들까지도 죄를 가까이 하고 있습니다. 하나님은 사랑과 축복의 하나님이십니다. 그러므로 그의 독생자이신 예수님을 이 땅에 보내신 것입니다. 영접은 우리의 죄를 대신해서 죽으신 예수님을 구세주로 믿는 것입니다.

영접은 삶의 주인으로 모시는 것이다

영접이란 마음을 그분으로 가득 채우는 것입니다. 예수님은 그만큼 중요한 분입니다. 인생을 주님의 생각으로 가득 채운다면 인생은 아름다워질 수밖에 없습니다. 예수님은 하나님이십니다. 그런데 그분의 손에 내 인생을 맡겨 그분의 뜻대로 산다면 얼마나 멋있는 삶을 살겠습니까?

세계적인 음악가 멘델스존이 하루는 후리드버그라는 곳의 오래된 예배당을 방문하였습니다. 그 예배당에는 거대한 파이프 오르간이 장치되어 있었고, 멘델스존은 그 오르간을 연주하고 싶었습니다. 관리자인 늙은 노인에게 오르간을 한 번 연주하면 안 되겠느냐고 부탁을 하자 노인은 못마땅히 여기며 거절했습니다. 멘델스존이 진지하게 한 번만 연주할 것을 다시 간청하자 노인은 마지못해 한 번 쳐보라고 했습니다. 멘델스존이 파이프 오르간 앞에서 연주를 시작했습니다. 그의 손과 발이 오르간에 닿자 자연의 아름다움을 압도하는 선율이 큰 예배당 안을 채워서 아름다운 감격이 넘실거리는 파도처럼 되었습니다. 꿈과 같은 시간이 지나고 오르간을 연주하던 멘델스존의 손이 멈추자 음악에 취하여 멍하니 서 있던 노인이 물었습니다. "선생님은 도대체 누구십니까?" "네, 저는 멘델스존입니다." 그러자 깜짝 놀란 노인은 이런 말을 하였습니다. "하마터면 제가 큰 실수를 저지를 뻔 하였군요. 당신 같은 위대한 음악가에게 오르간을 만지지도 못하게 할 뻔 했군요."

인생이 하나님의 손에 의해 만져질 때 아름다운 인생의 연주가 시작될 것입니다. 왜 당신은 살아계신 하나님께 맡기지 못합니까? 인생을 가장 아름답게 연주할 수 있는 분은 인생을 창조하시고 인간의 생사화복을 주장하시는 한 분 뿐입니다. 그분께 인생의 연주를 맡기기를 원합니까? 그러면 지금 이 시간 예수님을 구주로 영접하십시오.

하나님의 자녀가 되는 권세를 얻게 됨

하나님의 자녀는 아버지의 것을 소유하고 누릴 권세가 있습니다. 하나님께서 인간을 위해 준비하신 최고의 축복인 천국을 소유할 뿐 아니라 부차적인 모든 것까지 다 소유하게 됩니다.

자녀가 된 권세가 가져오는 특권

하나님을 아바 아버지라고 부른다

종처럼 두려움으로 하나님을 섬기지 않고 하나님을 아바 아버지라고 부르며 당당히 주님 앞에 나아갑니다. "그러므로 우리는 긍휼하심을 받고 때를 따라 돕는 은혜를 얻기 위하여 은혜의 보좌 앞에 담대히 나아갈 것이니라"(히 4:16) "너희는 다시 무서워하는 종의 영을 받지 아니하고 양자의 영을 받았으므로 우리가 아빠 아버지라고 부르짖느니라"(롬 8:15) 자녀는 하나님 앞에서 당당하게 요구할 권리가 있습니다. 부모가 자녀의 울음소리를 주의하여 듣는 이유는 자녀의 울음이 아름답기 때문이 아니라 자녀이기 때문입니다.

종처럼 삯을 받고 일하는 자가 아니다

아버지로부터 상속을 받는 권리를 가진 자입니다. 아버지가 준비한 하나님 나라에 대한 당연한 상속권을 가지고 있습니다. 로마서 8장 17절에서 말씀하고 있습니다. "자녀이면 또한 상속자 곧 하나님의 상속자요 그리스도와 함께 한 상속자니" 이는 우리가 하나님의 자녀가 되었으니 하나님께서 아들이신 예수님께 주신 것처럼 우리에게도 그분의 재산을 분깃으로 나누어 줄 것입니다.

그러니 만일 우리가 그 아들의 영광을 함께 누리기를 바란다면 그분의 고난에도 함께 동참하는 것이 마땅할 것입니다. 하나님은 예수님을 통해 우리를 완벽한 자녀로 인정해 주십니다.

죽음의 병상에 누워서 어떤 성도가 이런 말을 했습니다. "만약 하나님이 나를 지옥의 입구로 데리고 가셔서 너는 여기에 합당한 자니 들어가라" 고 말씀하시면 나는 이렇게 대답할 것입니다. "네 맞습니다. 나는 당연히 여기에 들어가야 할 존재입니다. 그러나 하나님은 나를 여기에 넣지 못하실 것입니다. 왜냐하면 당신의 아드님 예수님도 나와 함께 들어가야 할 것이기 때문입니다. 당신의 독생하신 예수님과 나는 하나가 되었기에 그분과 나를 떼어 놓을 수 없기 때문입니다." 성경은 말씀합니다. "누구든지 그를 믿는 자는 부끄러움을 당하지 아니하리라"(롬 10:11)

여러분, 천국가기는 너무나 쉽습니다. 예수님을 당신의 구세주로 영접하기만 하면 됩니다. 그런데 굳이 지옥으로 가려고 하는 이유가 무엇입니까? 예수님을 구주로 영접하는 사람은 하나님의 아들이 됩니다. 그리고 하나님은 그의 자녀를 위해 놀라운 일을 행하실 것입니다.

하나님께서는 그 자녀의 죄를 씻어 주실 것이며, 그 자녀의 마음에 평안함을 주실 것이며, 그 자녀와 함께 삶의 길을 걸어가실 것입니다. 하나님은 그의 자녀가 죽음을 맞이하는 시간에도 그들과 함께 하십니다. 삶이 끝나는 날 자녀를 천국으로 인도하실 것입니다.

예수님의 부활

고린도전서 15:12-20

12 그리스도께서 죽은 자 가운데서 다시 살아나셨다 전파되었거늘 너희 중
에서 어떤 사람들은 어찌하여 죽은 자 가운데서 부활이 없다 하느냐
13 만일 죽은 자의 부활이 없으면 그리스도도 다시 살아나지 못하셨으리라
14 그리스도께서 만일 다시 살아나지 못하셨으면 우리가 전파하는 것도 헛
것이요 또 너희 믿음도 헛것이며
15 또 우리가 하나님의 거짓 증인으로 발견되리니 우리가 하나님이 그리스
도를 다시 살리셨다고 증언하였음이라 만일 죽은 자가 다시 살아나는
일이 없으면 하나님이 그리스도를 다시 살리지 아니하셨으리라
16 만일 죽은 자가 다시 살아나는 일이 없으면 그리스도도 다시 살아나신
일이 없었을 터이요
17 그리스도께서 다시 살아나신 일이 없으면 너희의 믿음도 헛되고 너희가
여전히 죄 가운데 있을 것이요
18 또한 그리스도 안에서 잠자는 자도 망하였으리니
19 만일 그리스도 안에서 우리가 바라는 것이 다만 이 세상의 삶뿐이면 모
든 사람 가운데 우리가 더욱 불쌍한 자이리라
20 그러나 이제 그리스도께서 죽은 자 가운데서 다시 살아나사 잠자는 자
들의 첫 열매가 되셨도다

예수님의 부활

부활이 있다

"그리스도께서 죽은 자 가운데서 다시 살아나셨다 전파되었거늘 너희 중에서 어떤 사람들은 어찌하여 죽은 자 가운데서 부활이 없다 하느냐"(12절)

성경은 너무나 강하게 말씀하고 있습니다. 신역성경에만 부활에 대해 100번 이상 언급하고 있습니다. 사람의 생각으로는 부활이 이해될 수 없습니다. 그러나 부활은 기독교만이 가지고 있는 신비요, 축복입니다. 성경은 이 사실들을 분명하게 제시하고 있습니다.

고린도전서 15장 3-8절에는 예수님의 부활을 본 사람이 오백 명도 더 된다고 말씀하고 있습니다. 예수님께서 죽으시기 전에는 제자들은 겁이 많았습니다. 예수님께서 십자가에 달리시기 전날 밤에 그들은 도망쳤습니다. 베드로는 모른다고 부인했습니다. 그러나 예수님께서 부활하신 후 그들은 담대하게 그리스도를 전했습니다. 그들은 부활이 있다는 사실을 안 다음부터 죽음을 겁내지 않았습니다. 그들은 살아계신 주님을 모르고 있었기 때문입니다.

부활이 없다면

그리스도께서 다시 살아나지 않으셨을 것이다(13절)

"만일 죽은 자의 부활이 없으면 그리스도도 다시 살아나지 못하셨으리라"(13절)

모든 것을 인간의 수준에서 생각하면 인간의 수준에 머물 수밖에 없습니다.

우리의 믿음은 헛것이다(14절)

"그리스도께서 만일 다시 살아나지 못하셨으면 우리가 전파하는 것도 헛것이요 또 너희 믿음도 헛것이며"(14절) 부활의 중요성을 엿볼 수 있습니다.

복음 전할 필요도 없다(14절)

우리가 거짓 증인이 될 것이다(15절)

"또 우리가 하나님의 거짓 증인으로 발견되리니 우리가 하나님이 그리스도를 다시 살리셨다고 증언하였음이라 만일 죽은 자가 다시 살아나는 일이 없으면 하나님이 그리스도를 다시 살리지 아니하셨으리라"(15절)

부활이 있기에

죽은 자가 다시 산다(16절)

"만일 죽은 자가 다시 살아나는 일이 없으면 그리스도도 다시 살아나신 일이 없었을 터이요"(16절) 죽은 자가 다시 살 뿐만 아니라 그리스도도 다시 사셨습니다. 우리에게 대단히 희망을 주는 말씀입니다. 인생은 죽음으로 끝나는 존재가 아니구나 하는 것을 알 수가 있습니다. 인생은 죽음으로 끝나는 허무한 존재가 아닙니다. 부활은 인생의 육체적인 죽음이 끝이 아님을 가르쳐 줍니다.

부활이 있기에 우리가 믿는 것이다(17절)

"그리스도께서 다시 살아나신 일이 없으면 너희의 믿음도 헛되고 너희가 여전히 죄 가운데 있을 것이요"(17절)

부활이 없으면 믿을 필요가 없습니다. 인생이 믿을 대상은 살아계신 하나님이요, 죄로부터 우리를 구원해 주실 예수님도 죄 때문에 인간에게 다가온 죽음의 문제를 해결하시기 위해 부활하신 것입니다. 오늘날 많은 사람들은 비인격적인 우상, 청동이나 흙, 혹은 돌로 만든 것을 믿으면서도 그 우상이 그들을 지켜줄 것으로 착각합니다.

죄 문제를 완전히 해결 받았다(17절)

"너희가 여전히 죄 가운데 있을 것이요" (17절)

예수님의 부활로 우리는 죄로부터 해방을 받았습니다. 그 누구도 죄 문제를 해결해 줄 수 없습니다. 죄로 인해 인생이 파멸된 사람들에게 그 어떤 것도 소용이 없습니다. 오직 예수 그리스도만이 필요한 것입니다. 세상의 어떤 방법도 아닙니다. "예수는 우리가 범죄한 것 때문에 내줌이 되고 또한 우리를 의롭다 하시기 위하여 살아나셨느니라" (롬 4:25)

부활이 있기 때문에 예수 믿고 죽은 자가 망하지 않는다(18절)

"또한 그리스도 안에서 잠자는 자도 망하였으리니" (18절)

예수 믿고 죽은 자는 끝난 인생이 아니라 소망이 있습니다. 왜냐하면 부활이 있기 때문입니다. 부활이 없는 종교는 죽은 종교입니다. 죽음 하나 이기지 못하는 구원자가 무슨 구원자입니까?

부활이 없다고 믿는 자들은 이 세상만이 가치 있는 곳이라고 생각하며 산다(19절)

"만일 그리스도 안에서 우리가 바라는 것이 다만 이 세상의 삶 뿐이면 모든 사람 가운데 우리가 더욱 불쌍한 자이리라"(19절)

이 세상에서 최고가 되어야 하는 사람들 때문에 이 세상은 참으로 인생 경기장이 될 수밖에 없습니다. 어떤 경우는 피도 눈물도 없습니다. 부활이 없고 내일이 없기에 수단과 방법을 가리지 않고 사람들을 죽이고 깔아뭉갭니다. 만약 부활이 없고 이 세상의 가치가 다라고 하면 그리스도인들은 불쌍한 자들입니다. 그러나 그리스도인들은 불쌍한 자가 아니라는 것입니다. 부활이 있기에 인생을 진지하게 살아야 합니다. 부활 시에 주어지는 새로운 삶을 준비하며 살아야 합니다.

우리도 부활한다(20절)

"그러나 이제 그리스도께서 죽은 자 가운데서 다시 살아나사 잠자는 자들의 첫 열매가 되셨도다"(20절)

예수님은 살아계신 분이다

죽은 신을 믿는 사람들이 많습니다. 죽은 자가 사람에게 무엇을 해줄 수 있습니까? 그리고 인생 최대의 문제인 죽음 하나 해결하지 못하는 신이 무슨 신이며, 구원자입니까? 예수님은 요한복음 10장 18절에서 나는 내 목숨을 버릴 권세도 있고 다시 얻을 권세도 있다고 하셨습니다.

살아계시기에 우리와 함께 하실 수 있다

살아계신 예수님은 우리의 삶을 도우시고 근심하시고 사랑하십니다. 성령님을 통해 계속해서 우리의 삶을 주장하시고 돌보아 주십니다. 성경에는 내가 너와 함께 하리라는 말씀이 많이 기록되어 있습니다. "내가 너희에게 분부한 모든 것을 가르쳐 지키게 하라 볼지이다 내가 세상 끝날까시 너희와 항상 함께 있으리라 하시니라" (마28:20) "볼지어다 내가 문 밖에 서서 두드리노니 누구든지 내 음성을 듣고 문을 열면 내가 그에게로 들어가 그와 더불어 먹고 그는 나와 더불어 먹으리라" (계 3:20)

살아계신 주님이 우리를 천국으로 인도하신다

"내가 너희를 위하여 거처를 예비하러 가노니 가서 너희를 위하여 거처를 예비하면 내가 다시 와서 너희를 내게로 영접하여 나 있는 곳에 너희도 있게 하리라" (요 14:2-3)

인생에게는 영원히 사는 감격을 주셨다

산다는 것은 즐거운 것입니다. 살아있는 감격을 느끼십니까? 하나님께 감사드립시다. 인간을 사랑하시는 하나님의 사랑입니다. 살아 있다는 자체에 감격하며 살아갑시다. 영원한 삶의 감격을 주시기를 원하시는 주님을 사랑하지 않겠습니까?

예수님을 구세주로 영접하십시오. 당신의 죄 때문에 죽으시고 다시 살아나심을 믿으십시오.

오늘날 사람들은 오직 자기만을 바라보며 살고 있습니다.

옛날 어떤 왕이 매일 여러 가지 장식이 달린 눈부신 의복을 입고 거울 앞에서 자신의 자랑스러운 모습을 보며 흐뭇해했습니다. 백성이 굶주리는 동안에도 왕은 자기만을 생각했습니다. 어느 날 시종이 왕이 매일 들여다보는 거울을 치웠습니다. 다음 날 왕이 자기의 모습을 보려고 거울을 찾았으나 거울은 보이지 않고 거울이 있던 자리에는 창문이 있었고 거리를 오가는 사람들을 볼 수 있었습니다. 창문 밖을 오가는 사람들은 지치고 굶주린 모습이었습니다. 창백한 여인과 굶주린 아이를 보았고, 먹을 것을 찾으며 쓰레기통을 뒤지는 아이들과 허리가 구부러진 노인들도 볼 수 있었습니다. 왕은 자기의 화려한 의복을 벗어버리고 평민들이 입는 소박한 옷으로 갈아입고 백성들 가운데로 나아가 그들의 소리에 귀를 기울여 그들의 아픔을 함께 나누었다고 합니다.

인생이 오직 자신만을 바라보고 관심을 쏟고 있는 동안은 그 무엇도 볼 수 없고 어떤 소리도 들을 수 없습니다. 자신에게만 관심을 가지느라 욕심과 이기심으로 똘똘 뭉친 사람들은 예수님이 보이지 않습니다. 예수님의 음성도 들리지 않습니다. 기회는 항상 있는 것이 아닙니다. 당신도 자신만을 보느라 정신없는 삶을 살고 있지 않습니까?

예수님을 바라보고 예수님을 인격적으로 믿으십시오. 그 분을 당신의 삶 속의 주인으로 모시면 삶이 달라질 것입니다.

갈급한 인생

시편 42:1-5

1 하나님이여 사슴이 시냇물을 찾기에 갈급함 같이 내 영혼이 주를 찾기에
갈급하니이다
2 내 영혼이 하나님 곧 살아 계시는 하나님을 갈망하나니 내가 어느 때에
나아가서 하나님의 얼굴을 뵈올까
3 사람들이 종일 내게 하는 말이 네 하나님이 어디 있느뇨 하오니 내 눈물
이 주야로 내 음식이 되었도다
4 내가 전에 성일을 지키는 무리와 동행하여 기쁨과 감사의 소리를 내며
그들을 하나님의 집으로 인도하였더니 이제 이 일을 기억하고 내 마음이
상하는도다
5 내 영혼아 네가 어찌하여 낙심하며 어찌하여 내 속에서 불안해 하는가
너는 하나님께 소망을 두라 그가 나타나 도우심으로 말미암아 내가 여전
히 찬송하리로다

갈급한 인생

육체와 영혼을 가진 사람

사람이 짐승과 다른 점은 영혼이 있다는 사실입니다. 사람은 눈에 보이는 것만을 추구합니다. 그래서 삶이 육체적인 것을 중심으로 해서 이루어집니다. 그러나 더 중요한 것은 영혼이 있다는 사실입니다.

마태복음 10장 28절에 "몸은 죽여도 영혼은 능히 죽이지 못하는 자들을 두려워하지 말고 오직 몸과 영혼을 능히 지옥에 멸하실 수 있는 이를 두려워하라" 고 하였습니다. 이 말씀은 인생이 죽음으로 끝나는 존재가 아님을 말씀한 것입니다.

성경에 이스라엘의 지도자 모세가 나옵니다. 모세는 약속의 땅에 들어가게 해 달라고 하나님께 간절히 구했지만 약속의 땅 가나안에 들어가기 전에 죽습니다.

그런데 2000년 쯤 지난 후에 예수님이 변화산(다볼산)에서 모세와 말씀하고 계시는 내용이 성경에 기록되어 있습니다. 인생은 영원한 존재입니다. 유명한 러시아의 작가 솔제니친은 “언제나 당신의 영원불멸에 대해 진실하라” 고 했습니다.

인생이 영원히 사는 존재임을 망각할 때, 오늘에만 집착하고 거짓과 죄악으로 물들게 되어 세상이 어둡게 되는 것입니다.

육체가 추구하는 것

사람들은 자신을 위한 계획만 세웁니다. 대부분의 생각이 자기 쾌락을 위한 생각이나 물질적이며 세상적인 걱정으로 시간을 보냅니다.

육체만을 위해서 사는 특징

① 악한 행위를 함(갈 5:19-21)

“육체의 일은 분명하니 곧 음행과 더러운 것과 호색과 우상 숭배와 주술과 원수 맺는 것과 분쟁과 시기와 분냄과 당 짓는 것과 분열함과 이단과 투기와 술 취함과 방탕함과 또 그와 같은 것들이라”(갈 5:19-21) 자신의 육체만을 위해 사는 자의 무서움을 단적으로 잘 표현하고 있습니다. 어떻게 보면 인생은 욕심덩어리입니다. 예수님의 희생과 사랑이 없었으면 인생은 계속해서 어떤 모델을 찾지 못하고 자기만을 위한 투쟁을 끝없이 계속하고 살 수밖에 없을 것입니다.

② 육신에 취함으로 성령을 거스린다(하나님의 뜻을 무시하고 방해한다 - 갈 5:17)

"육체의 소욕은 성령을 거스르고 성령은 육체를 거스르나니"(갈 5:17) 육신에 속해 있는 자는 하나님의 뜻이 무엇인지 전혀 모릅니다. 어떤 사람이 이런 질문을 했습니다.

"저처럼 세속적인 사람에게 영성이 어떤 도움이 될까요?" "더 가지도록 도와 줄 것이요" "어떻게 말입니까?" "덜 가지도록 가르쳐 줌으로 더 가지게 될 것입니다(어리석은 부자의 비유 -눅 12:16-20)."

돈이 인생을 만족시켜주지 못한다

돈만 있으면 무엇이든 다 할 수 있을 것 같지만 오히려 많은 돈이 사람을 교만하게 만들고 범죄 속으로 몰아가 타락하게 만드는 경우가 얼마나 많습니까?

10대 청소년 범죄의 80% 이상이 부유한 가정에서 자란 아이들이라고 합니다. 부는 하나님 입장에서 아무것도 아닙니다. 자동차 왕 포드는 하루 수입이 50만 달러(약 5억)가 되었다고 합니다. 그러나 잠시 가지고 사용할 수 있을 뿐입니다. 죽음과 함께 아무런 소용이 없는 것이 되고 맙니다.

명예도 만족을 주지 못한다

영국의 시인 존 드라이든은 '명예는 물거품에 지나지 않는다' 라고 말했습니다.

권력도 만족을 주지 못한다

이 세상에 절대적이고 영원한 권력은 없습니다. 권력은 잠깐입니다. '왕관이 두통을 낫게 하지 않는다' 는 독일 속담 처럼 권력은 자신의 병 하나도 해결할 수 없습니다.

쾌락은 일시적인 것이다

쾌락의 특징이 바로 "잠시" 입니다. 모세는 하나님의 뜻대로 이스라엘의 지도자가 되므로 왕궁에서 왕자로서의 영화를 포기하였습니다. 모세에 대해 성경은 이렇게 말씀합니다. "도리어 하나님의 백성과 함께 고난 받기를 잠시 죄악의 낙을 누리는 것보다 더 좋아하고" (히 11:25)

영혼이 하나님을 찾는다

사슴이 물을 찾듯이 하나님을 찾아야 할 인생

영혼이 하나님을 만납니다. 영혼의 기능 중에 가장 중요한 것이 바로 믿음을 소유하게 하는 것입니다. 그리스도인들에 대해 히브리서 10장 39절은 "우리는 뒤로 물러가 멸망할 자가 아니요 오직 영혼을 구원함에 이르는 믿음을 가진 자니라" 고 하였습니다.

영혼은 가장 가치 있는 것이다

영혼은 가장 소중한 것입니다. 모든 것을 다 얻고도 영혼을 잃어버린다면 가장 불쌍한 사람이 될 수밖에 없습니다. 영혼을 통해 소유하는 믿음과 세상의 것은 비교되지 않습니다. 영혼을 통해 하나님을 만나고, 구원을 얻기 때문입니다.

육체의 것들은 손해를 보아도 영혼의 문제에 손해보지 않도록 살아야 한다

육체가 일시적인 것이라면 영혼은 영원에 대한 소유가 걸려 있기 때문입니다. 영혼에 대해 해를 끼치는 것들을 살펴봅시다.

① 육체의 정욕은 영혼에 해를 끼친다

"사랑하는 자들아 거류민과 나그네 같은 너희를 권하노니 영혼을 거슬러 싸우는 육체의 정욕을 제어하라" (벧전 2:11)

② 불법한 행실을 보고 듣는 것은 영혼에 해를 끼친다

"이는 이 의인이 그들 중에 거하여 날마다 저 불법한 행실을 보고 들음으로 그 의로운 심령이 상함이라" (벧후 2:8 -예: 잘못된 부모에게 받는 영향, 좋지 못한 친구의 영향, 부부의 영향)

③ 악한 사람과의 교제로 인해 영혼을 망친다

"노를 품는 자와 사귀지 말며 울분한 자와 동행하지 말지니 그의 행위를 본받아 네 영혼을 올무에 빠뜨릴까 두려움이니라" (잠 22:24-25) 살아가면서 울분할 일이 얼마나 많습니까? 그러나 그 울분이 나의 영혼 뿐 아니라 다른 이의 영혼에까지 영향을 끼침을 기억하십시오.

사람의 영혼을 향한 사탄의 속삭임

'너는 너의 삶을 위해 살아라. 그러면 이 세상의 모든 쾌락을 다 주겠다.' 고 말합니다. 그리고 끝날 나와 함께 지옥에서 영원히 함께 살자고 합니다. 그러나 사탄의 홍정을 받아들이지 마십시오. 에서는 팥죽 한 그릇에 장자의 명분을 팔아버렸습니다.

예수님의 말씀

"수고하고 무거운 짐 진 자들아 다 내게로 오라 내가 너희를 쉬게 하리라" (마 11:28)

"아버지께서 내게 주시는 자는 다 내게로 올 것이요 내게 오는 자는 내가 결코 내쫓지 아니하리라" (요 6:37)

왜 예수님을 받아들여야 하는가?

예수님은 인간에게 제일 좋은 것을 준비하셨다.

어떤 여자가 집을 뛰쳐나가 죄악 가운데 빠졌습니다. 세월이 흐른 뒤 집으로 돌아가고 싶어 가족에게 편지를 썼습니다. 자신의 죄를 용서해 주고 다시 집으로 돌아가는 것을 허락해 달라는 것입니다. 아버지는 가문을 더럽혔기에 집에서 받아줄 수 없다고 했습니다. 오빠도 같은 말을 하였습니다. 그러나 어머니는 "내가 너를 사랑하고 있고 모든 것을 용서한다. 나는 너를 너무나 애타게 기다리고 있다." 고 말했습니다.

이처럼 예수님도 네가 죄악 속에서 생활하였음에도 불구하고 "나는 너를 사랑하노라 내 품에 너를 안기를 원하노라 내가 너를 용서하고 하늘과 땅에 있는 가장 좋은 것을 너에게 주기를 원하노라"고 말씀하고 계십니다.

죄 문제를 대신 짊어지시므로 하나님의 진노를 거두게 하셨다

"그가 우리를 흑암의 권세에서 건져내사 그의 사랑의 아들의 나라로 옮기셨으니 그 아들 안에서 우리가 속량 곧 죄 사함을 얻었도다"(골 1:13,14)

육체적인 죽음 후에 천국을 준비하셨다

영원한 삶을 위한 거처를 준비하셨습니다. "내가 너희를 위하여 거처를 예비하러 가노니"(요 14:2) 죽음 이후까지 영원히 함께 하실 분은 주님밖에 안 계십니다.

예수님만이 소망입니다

"인자가 온 것은 잃어버린 자를 찾아 구원하려 함이니라"(눅 19:10) 구원받을 수 없는 인생 때문에 이 땅에 오셔서 구원해 주신 것입니다. 인생이 끝나는 순간 문제가 되는 것은 영혼의 상태입니다. 사업이 망해서 가난뱅이가 되었느냐 하는 것도 아닙니다. 다리를 절단하여 걸을 수 없는 것도 아닙니다. 바로 영혼의 상태입니다. 예수 그리스도를 어떻게 했느냐에 달려 있습니다.

여러분, 예수 그리스도를 구주로 믿으십시오. 그러면 모든 것이 해결될 것입니다. 그러나 여러분의 삶에 그리스도가 계시지 아니하면 영원히 버림을 받게 될 것입니다.

성경에 나오는 인물 중에 사도 바울이라는 분도 예수님을 만나기 전 까지는 자신에 대한 자랑으로 인생을 살았습니다. 그러나 그 자랑이 배설물과 같은 것임을 알고 이후에는 예수님만을 자랑하며 살았습니다.

인생이 추구하는 세상의 것들은 너무나 제한적인 수단과 방법에 불과합니다. 그러나 하나님은 인생의 주인이십니다. 인간의 생명을 주장하시고 복의 근원이 되시는 분이십니다. 그럼에도 많은 사람들이 하나님을 외면합니다. 그리고 다른 곳에서 행복을 구하고 다닙니다.

하나님은 인생의 모든 문제의 해결자이십니다. 인간의 죄 문제를 예수님을 통해 해결해 주셨고, 예수님을 믿는 자에게 천국의 시민권을 주셨습니다. 이 세상은 거쳐 가는 곳입니다. 하나님은 사람들을 위해 본향을 준비하고 계십니다.

사도 바울은 세상 사람들에게 눈물로 호소하였습니다. "십자가와 원수 된 사람들은 육체의 욕망을 자기들의 신으로 삼고 수치를 영광으로 알며 세상적인 일만 합니다.

그러나 우리의 시민권은 하늘에 있습니다."(빌 3: 19,20) 인생의 주관자이신 하나님을 믿으십시오. 하나님은 당신에게 상상할 수 없는 좋은 것을 주실 것입니다. "여호와께서 주시는 복은 사람을 부하게 하고 근심을 겸하여 주지 아니하시느니라"(잠 10:22)

생존하시는 하나님을 갈망해야 할 인생

하나님의 도우심을 바랄 때 인생의 불안이 찬송으로 변하게 됩니다. "온갖 좋은 은사와 온전한 선물이 다 위로부터 빛들의 아버지께로부터 내려오나니"(약 1:17)

인생은 순례자입니다. 이 세상에 비석 하나 남겨두고 본향을 찾아가는 순례자입니다. 어떤 사람이 호화로운 집에 살고 있었습니다. 그런데 그 집을 지나는 사람은 모두 이상하게 생각하는 것이 있었습니다. 호화로운 집 처마의 끝 부분 공사가 완료되지 않은 상태로 있었기 때문입니다.

부자에게 돈이 없어서 그런 것도 아닐 것이고, 공사 담당자가 잊어먹고 처마를 완성시키지 않은 것도 아닐 것입니다. 그 사람은 유태인의 관습대로 완성되지 않은 집에서 살았습니다. 그 이유는 아브라함이 나그네의 삶을 산 것처럼 이 땅에서의 순례자로서 사는 것이지 결단코 종착지가 아니라는 신앙을 나타내기 위함이었다고 합니다.

인생은 거둠의 법칙 속에서 삽니다.

인생은 뿌린 대로 거둡니다. 봄에 씨를 뿌리면 가을에 거둡니다. 이 세상에서 뿌리면 그 열매로 천국을 소유합니다. 무엇을 심든지 그대로 거두게 하십니다. "자기의 육체를 위하여 심는 자는 육체로부터 썩어질 것을 거두고 성령을 위하여 심는 자는 성령으로부터 영생을 거두리라"(갈 6:8)

아버지의 사랑

누가복음 15:11-24

11 또 이르시되 어떤 사람에게 두 아들이 있는데
12 그 둘째가 아버지에게 말하되 아버지여 재산 중에서 내게 돌아올 분깃
을 내게 주소서 하는지라 아버지가 그 살림을 각각 나눠 주었더니
13 그 후 며칠이 안 되어 둘째 아들이 재물을 다 모아 가지고 먼 나라에 가
거기서 허랑방탕하여 그 재산을 낭비하더니
14 다 없앤 후 그 나라에 크게 흉년이 들어 그가 비로소 궁핍한지라
15 가서 그 나라 백성 중 한 사람에게 붙여 사니 그가 그를 들로 보내어 돼
지를 치게 하였는데
16 그가 돼지 먹는 쥐엄 열매로 배를 채우고자 하되 주는 자가 없는지라
17 이에 스스로 돌이켜 이르되 내 아버지에게는 양식이 풍족한 품꾼이 얼
마나 많은가 나는 여기서 주려 죽는구나
18 내가 일어나 아버지께 가서 이르기를 아버지 내가 하늘과 아버지께 죄
를 지었사오니
19 지금부터는 아버지의 아들이라 일컬음을 감당하지 못하겠나이다 나를
품꾼의 하나로 보소서 하리라 하고
20 이에 일어나서 아버지께로 돌아가니라 아직도 거리가 먼데 아버지가 그
를 보고 측은히 여겨 달려가 목을 안고 입을 맞추니
21 아들이 이르되 아버지 내가 하늘과 아버지께 죄를 지었사오니 지금부터
는 아버지의 아들이라 일컬음을 감당하지 못하겠나이다 하나
22 아버지는 종들에게 이르되 제일 좋은 옷을 내어다가 입히고 손에 가락
지를 끼우고 발에 신을 신기라
23 그리고 살진 송아지를 끌어다가 잡으라 우리가 먹고 즐기자
24 이 내 아들은 죽었다가 다시 살아났으며 내가 잃었다가 다시 얻었노라
하니 그들이 즐거워하더라

아버지의 사랑

아들의 무지(어리석음)

무례한 요구

"그 둘째가 아버지에게 말하되 아버지여 재산 중에서 내게 돌아올 분깃을 내게 주소서 하는지라 아버지가 그 살림을 각각 나눠 주었더니"(12절) 살아있는 아버지를 두고 재산을 내 이름으로 등기시켜 달라고 한다면 이는 얼마나 무례한 일입니까?

아버지를 떠난 결과

일시적 자유이다

아들은 아버지의 구속을 받지 않고 마음껏 살고 싶어 "먼 나라"로 갔습니다. 그는 자유함을 얻게 되었습니다. 그러나 그 자유는 일시적인 자유였습니다. 인간의 자유는 구속력 있는 자유여야 합니다. 보호자 없는 자유는 일시적인 자유입니다.

어린 아이나 청소년에게 자유를 준다면 어떻게 되겠습니까? 인생의 주인은 하나님이십니다.

방탕의 길로 빠지게 되었다

"거기서 허랑방탕하여"(13절) 마음껏 탕진했습니다.

세상의 냉정함을 알게 되었다

아들은 고독했습니다. "그가 돼지 먹는 쥐엄 열매로 배를 채우고자 하되 주는 자가 없는지라"(16절) 아무도 그에게 따뜻하게 대해 주는 자가 없었습니다

자신의 발견

궁핍함을 비로소 알게 되었다

아버지를 떠난 외로움을 알게 되었습니다. 아버지를 떠나 타락하고 마음대로 해 보았지만 그 결과는 자신을 파멸시키는 길로만 몰

아넣었습니다. 하나님을 떠난 인생은 참으로 궁핍한 자이며 불쌍한 자입니다. 그러나 하나님과 함께 한 자는 부한 자요, 모든 것을 가진 자입니다(영생과 부).

아버지의 존재를 인식함

세상 사람들의 외면과 냉정함을 체험하고 비로소 아버지를 생각하게 되었습니다. 아버지의 통제와 잔소리, 그 지긋지긋하게 여겨졌던 아버지의 집에 대한 그리움이 생기기 시작했습니다. 비로소 철이 들기 시작한 것입니다.

성경에 나타난 아버지의 모습

아들의 무례함을 받아들이는 아버지

"아버지가 그 살림을 각각 나눠 주었더니"(12절) 한 평생 고생해서 번 재산을 아무런 대가없이 달라는 아들의 무례함을 보며 아무 말 없이 주는 아버지의 모습을 생각해 봅시다.

아들을 믿는 아버지

"둘째 아들이 재물을 다 모아 가지고 먼 나라에 가"(13절) 자녀가 재산을 몽땅 다 가지고 떠나도 법적인 힘을 행사하지 않고 있습니다. 아버지는 안타까움 속에서 아들을 보낼 것입니다. 그러나 중요한 것은 아버지의 자식에 대한 믿음입니다. 그래도 믿어주기에 보낼 수 있습니다. 부모들은 자식을 믿습니다. 내 자식만은 괜찮을 것이라고 믿습니다. 이것도 사랑이 아니면 불가능합니다. 한결같은 사랑, 속을 줄 알면서도 억지로 믿는 사랑입니다.

기다리는 아버지

"아버지가 그를 보고"(20절) 아버지는 아들을 포기하지 않습니다. 아버지는 아들을 한시도 잊지 않습니다. 아들의 생각을 초월한 아버지의 기다림, 상상할 수 없습니다. 자녀가 추측할 수 없는 어마어마한 사랑입니다.

영원히 미워할 수 없는 아버지

"측은히 여겨 달려가 목을 안고 입을 맞추니"(20절) 어떤 경우도 사랑합니다. 아들의 아픔을 자신의 고통보다 더 아파하는 아버지, 아버지의 사랑은 연인과의 사랑과 다릅니다. 친구와의 사랑과도 다릅니다. 자식의 범죄와 부도덕을 보며 울어줄 수 있는 사랑입니다. 다른 사랑은 어떤 경우에는 느낌이나 아픔이 없어지고 외면하고 미워해서 뒤돌아서지만 자녀에 대한 사랑은 어떤 경우든지 한결같습니다. 어떤 경우도 미워할 수 없는 사랑의 마음을 가진 아버지의 마음을 누가 이해할 수 있을까요? 아버지가 된 분들은 이해할 수 있을 것입니다.

아들에게는 바보스러운 아버지

"아버지는 종들에게 이르되 제일 좋은 옷을 내어다가 입히고 손에 가락지를 끼우고 발에 신을 신기라" (22절) 아버지는 아들에게는 무한한 공급자, 아들에게 주어서 아까운 것이 없습니다. 비록 아들을 믿었다가 아들에게 준 재산을 날렸지만, 그래도 아들은 귀하니까 또 그 비싼 송아지를 잡아서 잔치를 여는 바보스런 아버지의 모습이 바로 사랑입니다.

아들은 최고의 기쁨이다

"그리고 살진 송아지를 끌어다가 잡으라 우리가 먹고 즐기자" (23절) 아들은 최고의 기쁨입니다. 아들로 인한 즐거움은 모두에게 나누고 싶은 최고의 기쁨입니다. 아들의 실상은 거지 중에 상거지입니다. 그러나 기쁜 것입니다. 아들과 함께라면 그저 좋아하는 아버지의 사랑입니다.

돌아온 아들로 인해 즐거워하는 아버지

"이 내 아들은 죽었다가 다시 살아났으며 내가 잃었다가 다시 얻었노라 하니 그들이 즐거워하더라"(24절) 아들의 명예나 부가 기쁨이 아니라 아들이 존재하고 있다는 사실이 기쁨입니다. 부모는 자식이 생기기 전에는 귀한지 모릅니다. 그러나 일단 자식이 태어나면 그때부터는 자식으로 인해 기뻐합니다. 그저 귀엽습니다. 다른 사람이 못생겼다고 해도 그저 좋아합니다. 다른 이유가 없습니다. 그리고 아들이 돌아왔습니다. 죄악 속에서 아버지 품으로 돌아왔습니다. 세상에서 아버지를 잊어버리고 살다가 아버지에게 돌아왔습니다. 바로 하나님의 마음을 너무나 잘 표현한 말씀입니다.

부모에 대한 자식이 이무

부모는 자식을 위해 헌신과 포기의 삶을 삽니다. 부모에 대한 자식의 의무를 성경을 통해 살펴봅시다.

순종하라

"자녀들아 주 안에서 너희 부모에게 순종하라 이것이 옳으니라"(엡 6:1) 여기서 순종한다는 뜻인 '휘파쿠오'(*ὑπακούω*)는 언제나 부모님의 말씀을 따를 준비가 되어 있음을 의미합니다.

순종은 지극히 당연한 도리인 것입니다. 말세의 현저한 특징 중에 하나가 부모에 대한 거역이라고 로마서 1장 30절에 말씀하고 있습니다.

공경하라

"네 부모를 공경하라 그리하면 네 하나님 여호와가 네게 준 땅에서 네 생명이 길리라"(출 20:12)

"네 부모"는 단순한 육신의 부모는 말할 것도 없고 영적으로 보호를 책임지는 하나님의 사역자까지 포함합니다. 이는 사역자들의 지도를 받는 제자들을 자녀로 일컫는 성경의 사상에 근거합니다. "내 아들아 네 아비의 훈계를 들으며 네 어미의 법을 떠나지 말라 이는 네 머리의 아름다운 관이요 네 목의 금 사슬이니라"(잠 1:8,9) '공경'의 단어는 히브리어의 '카베드'(כָּבֵד)라는 말로 하나님에 대한 경외의 단어와 같은 단어입니다. 이는 부모를 단순히 존경하라는 말이 아니라 삼가 조심스럽게 하나님을 경외하는 것처럼 공경하며 영광스럽게 하라는 말씀입니다.

결국 육신의 부모 공경은 영적인 부모인 하나님에 대한 공경의 예를 가르쳐 주신 것입니다. '네게 준 땅'은 ① 약속의 땅 가나안에서 ② 영원한 하늘나라의 안식입니다. '네 생명이 길리라'는 단지 한 세대에만 국한 시키는 말씀이 아니라 영원한 세대에까지 주시는 축복을 의미합니다. "아비를 조롱하며 어미 순종하기를 싫어하는 자의 눈은 골짜기의 까마귀에게 쪼이고 독수리 새끼에게 먹히리라" (잠 30:17)

경외하라

"너희 각 사람은 부모를 경외하고" (레 19:3) 하나님께서 부여하신 부모의 권위를 인정하는 것은 하나님께서 세우신 가정의 질서에 순종하므로 결국 하나님의 주권을 인정하는 결과로 인정받게 됩니다. 그래서 성경은 인간이 지켜야할 첫 번째 계명으로 부모공경을 들고 있습니다.

부모를 존경하지 않고 아버지의 하체를 보고 두 형제들에게 알린 노아의 아들 함은 저주를 받아 그 형제들의 종이 되었습니다(창 9:21-27).

하나님은 불완전한 아버지보다 훨씬 우리를 완벽하게 사랑하십니다. 하나님은 죄 많은 인간을 위해 그 외아들이신 예수님까지 포기하셨으니 그 사랑이 얼마나 대단한가를 상상해 볼 수 있습니다. 오늘 본문을 통해 우리는 하나님의 사랑을 엿볼 수 있습니다. 하나님은 우리가 과거에 많은 죄를 지었고 하나님에게 무례하게 행동했지만, 예수님을 믿고 하나님의 자녀가 된 후 오히려 우리에게 권세를 주셨고 변함없이 사랑하셨습니다. 아들이 아버지를 생각할 때 철이 들기 시작 하듯이, 우리가 하나님을 인정하고 찾기 시작할 때 비로소 '영적인 철' 이 들었다고 말할 수 있는 것입니다. 하나님은 아버지의 마음으로 인생들을 부르십니다. 그리고 자녀에게 온갖 축복을 주시기를 원하십니다.

인생에게 다가오신 예수님

마태복음 14:22-23

22 예수께서 즉시 제자들을 재촉하사 자기가 무리를 보내는 동안에 배를 타고 앞서 건너편으로 가게 하시고
23 무리를 보내신 후에 기도하러 따로 산에 올라가시니라 저물매 거기 혼자 계시더니
24 배가 이미 육지에서 수 리나 떠나서 바람이 거스르므로 물결로 말미암아 고난을 당하더라
25 밤 사경에 예수께서 바다 위로 걸어서 제자들에게 오시니
26 제자들이 그가 바다 위로 걸어오심을 보고 놀라 유령이라 하며 무서워하여 소리 지르거늘
27 예수께서 즉시 이르시되 안심하라 나니 두려워하지 말라
28 베드로가 대답하여 이르되 주여 만일 주님이시거든 나를 명하사 물 위로 오라 하소서 하니
29 오라 하시니 베드로가 배에서 내려 물 위로 걸어서 예수께로 가되
30 바람을 보고 무서워 빠져 가는지라 소리 질러 이르되 주여 나를 구원하소서 하니
31 예수께서 즉시 손을 내밀어 그를 붙잡으시며 이르시되 믿음이 작은 자여 왜 의심하였느냐 하시고
32 배에 함께 오르매 바람이 그치는지라
33 배에 있는 사람들이 예수께 절하며 이르되 진실로 하나님의 아들이로소이다 하더라

인생에게 다가오신 예수님

보리 떡 다섯 개와 물고기 두 마리로 오천 명을 먹이신 예수님이 제자들에게 배를 타고 건너편으로 가게 하시고 자신은 혼자서 기도하러 가신 후에 제자들은 배를 타고 가다가 풍랑을 만나 고난을 당하고 있었습니다. 제자들은 두려워하고 있었습니다. 주님과 함께 있는 동안 오천 명 식사를 하는 대연회를 통해 제자들은 흥분하였습니다. 그러나 그들은 바다의 풍랑을 만나 두려움에 떨고 있는 것입니다. 인생은 한계를 가진 존재입니다.

인생은 예수님을 필요로 하는 존재이다

인생에게 다가오신 예수님은 구원자이시다

1941년 미국 뉴저지주에서 큰 산불이 났습니다. 불길을 잡기 위해 소방대원과 군대가 출동하고 수많은 진화장비가 동원되었으나 불길은 잡히지 않았습니다. 그런데 진화에 참가한 군인 80명이 불길에 갇혀 타 죽을 수밖에 없는 지경에 이르렀습니다. 때마침 상공을 지나던 소형비행기의 비행사가 불길에 갇힌 군인들을 발견하고 저공으로 비행하여 그들에게 쪽지를 떨어뜨렸습니다. 그 쪽지는 불길을 뚫고 나갈 수 있는 탈출로가 있다는 것과 조종사의 유도를 받아 따라오면 안전하게 대피할 수 있다는 글이었습니다. 군인들은 민첩하게 조종사의 지시대로 몸을 움직였습니다. 그들은 모두 탈출에 성공 하였습니다.

예수님을 모르는 자는 사방팔방이 꽉 막힌 것으로 생각하지만 예수님은 탈출로를 알고 계십니다. 예수님만이 구원자이십니다. 예수님은 말씀하십니다. "피할 수 있는 길이 꼭 하나 있으니 나를 따르기만 하면 된다." 고 말씀하십니다. 예수님은 모든 인생에게 말씀하셨습니다. "내가 곧 길이요 진리요 생명이니 나로 말미암지 않고는 아버지께로 올 자가 없느니라" (요 14:6) 인생에게 다가오신 예수님은 구원자이십니다.

궁핍으로부터 구원

마태복음 14장 13절부터 21절까지는 빈들에서 저녁시간에 음식을 조달할 수 있는 방법이 전혀 없는 상황에서 예수님께서 물고기 두 마리와 보리떡 다섯 개로 오천 명을 먹이신 내용이 기록되어 있습니다. 말이 오천 명이지 그 숫자는 오천 명이 훨씬 넘었을 것으로 볼 수 있습니다. 21절에 보면 "먹은 사람은 여자와 어린이 외에 오천 명이나 되었더라" 고 했습니다. 여기서 주님은 물고기를 잡는 어부의 역할, 보리를 수확하는 농부의 역할을 한꺼번에 하고 있습니다.

하나님은 공급자이십니다. 모든 과정을 생략하실 수 있는 분은 예수님 뿐입니다. 오천 명이 넘는 수많은 사람에게 빈들에서 잔치를 베푸신 주님은 인생의 영원한 공급자이신 것입니다.

두려움으로부터의 구원

이 세상은 두려운 일들로 가득 차 있습니다. 그러나 주님은 두려워하지 말라고 하십니다. 두려움은 인생에게 치명적인 상처를 줍니다. 성경에도 두려움으로 인해 신체의 마비가 일어난 내용이 마태복음 28장 4절에 기록되어 있습니다. 예수님의 부활 때에 나타난 천사를 보고 예수님의 무덤을 지키던 병사들이 너무 놀라 죽은 사람처럼 되었습니다. "지키던 자들이 그를 무서워하여 떨며 죽은 사람과 같이 되었더라"

그러나 그리스도인들은 두려워할 필요가 없습니다. 하나님은 그의 자녀 된 우리가 두려움에서 자유하기를 원하십니다(시 91:4-6). 성경에는 두려워말라는 말씀이 얼마나 많은지 모릅니다.

예수님이 함께 하시기 때문이다

그리스도인에게도 고난이 있습니다. 그러나 불신자와 다른 점은 "내가 사망의 음침한 골짜기로 다닐지라도 해를 두려워하지 않을 것은 주께서 나와 함께 하심이라"(시 23:4)고 하셨습니다. 고통, 괴로움, 절망, 좌절 가운데서도 함께 하시는 주님을 믿으십시오. 바다 가운데서는 아무도 보이지 않고, 산을 보아도 아무것도 보이지 않는 것처럼 생각될 때, 우리는 주님의 말씀을 기억해야 합니다. "내가 산을 향하여 눈을 들리라 나의 도움이 어디서 올까 나의 도움은 천지를 지으신 여호와에게서로다"(시 121:1,2)

예수님을 믿는 자와 이미 함께 하시는 주님이심을 잊지 말자

예수님이 눈에 보이지 않는다고 해서 예수님이 계시지 않는다고 생각해서는 안 됩니다. 오늘 본문의 제자들이 두려워한 이유가 바로 여기에 있었습니다. 예수님은 영원토록 우리와 함께 하실 것을 약속하셨습니다. 요한복음 14장 16절에 "내가 아버지께 구하겠으니 그가 또 다른 보혜사를 너희에게 주사 영원토록 너희와 함께 있게 하리니" 라고 말씀합니다. 여기에서 "보혜사"는 성령 하나님으로 "부름을 받아 내 곁에 계시면서 내 문제를 해결하고 나를 도와주시는 분"을 말합니다. 비록 예수님의 몸은 우리와 함께 하시지 않지만 진리의 영이신 성령님을 통하여 우리와 함께 하실 것을 약속하

셨습니다. "내가 너희를 고아와 같이 버려두지 아니하고 너희에게로 오리라" (요 14:18)

자연으로부터의 구원

"배에 함께 오르매 바람이 그치는지라" (32절)

자연 앞에서 인간은 무기력한 존재입니다. 인생은 바람과 풍랑 앞에 너무나 왜소한 존재로 전락할 수밖에 없습니다. 예수님은 자연을 창조하신 하나님이십니다. 그러므로 자연을 마음대로 지배하시고 명령하시는 분이십니다. 자연은 예수님 앞에 굴복할 수밖에 없습니다. "밤 사경에 예수께서 바다 위로 걸어서 제자들에게 오시니." (25절)

죄로부터의 구원

예수님께서 이 땅에 오신 목적이 바로 죄로부터 우리를 구원하시기 위함이었습니다. 인간은 그 누구도 죄인의 구원자가 될 수 없습니다. 예를 들어 우리가 모의해서 함께 나쁜 짓을 했습니다. 그런데 제가 여러분의 죄를 짊어지고 대신 감옥에서 죄 값을 받을 수 없습니다. 바로 나의 죄 값 때문에 죄 값 을 받는 것 외에는 다른 사람을 위해 아무 일도 할 수 없습니다. 죄인은 다른 사람의 죄를 감당할 수 없습니다. 예수님은 저주스러운 십자가에서 죽임을 당하셨습니다

(십자가에 매달려 어떤 이는 7일 동안 살기도 하는데 십자가 위에서 온갖 욕과 저주를 다하고 죽는다고 한다. 그래서 혀를 자르기도 하는데, 피 냄새를 맡고 모기를 비롯해서 온갖 날벌레들이 입과 코에 새까맣게 붙어 질식사해서 죽는 경우가 많다고 한다.).

예수님이 구원자임을 확실하게 알기 위해서는?

예수님의 음성을 들으라

"안심하라 나니 두려워하지 말라"(27절)

죄로부터 구원받고 믿음을 얻기를 원하면 주님의 음성을 들어야 합니다. "그러므로 믿음은 들음에서 나며 들음은 그리스도의 말씀으로 말미암았느니라"(롬 10:17)

예수님의 음성은 언제나 사랑의 음성입니다. 구원의 음성이요, 위로의 음성입니다. 어떤 위기에서도 주님은 말씀으로 인도하기를 원하십니다. 예수님은 보혜사 성령님을 통해 우리를 구원하시겠다고 약속하셨습니다. "보혜사 곧 아버지께서 내 이름으로 보내실 성령 그가 너희에게 모든 것을 가르치고 내가 너희에게 말한 모든 것을 생각나게 하리라"(요 14:26) 언제든지 어머니처럼 자상하게 말씀하시는 분이십니다.

예수님을 바라보아야 한다

"바람을 보고 무서워 빠져 가는지라" (30절)

예수님이 분명 눈앞에 있었으나 베드로는 예수님보다 바람과 풍랑에 대한 두려움이 머리와 눈에 가득 찼습니다. 사건을 마라보면 낙심하고 좌절할 수밖에 없습니다.

예수님을 바라보고 걸어가야 한다

풍랑을 이기기 위해서는 예수님께로 걸어가야 합니다. 예수님을 바라보고 가야 합니다. 인생이 좌절하거나 실패하지 않고 살 수 있는 가장 확실한 방법(법칙)입니다. 어떤 사건을 당해도 앞에 있는 사건을 보지 말고 예수님을 바라보아야 합니다. 예수님은 구원자이시기 때문입니다. 누구를 바라보고 사느냐에 따라 인생의 승패가 결정이 납니다. 인생은 예수님만을 의지해야합니다. 비행기 조종사가 구름과 폭풍우, 그리고 어둠을 뚫고 나를 목적지까지 안전하게 데려다 줄 것이라고 믿어야 합니다. 이것이 믿음입니다. 믿음은 자신의 생명을 예수님께 의탁하는 것입니다. 비행기를 탄 승객이 조종사만 바라보듯이 인생도 예수님만 바라보아야 합니다. "믿음의 주요 또 온전하게 하시는 이인 예수를 바라보자" (히 12:2)

타이밍을 맞추어 손을 잡아 주시는 예수님

"예수께서 즉시 손을 내밀어 그를 붙잡으시며"(31절)

인생이 주님을 필요로 할 때 나타나셔서 도우십니다. 그러나 그 타이밍까지 내가 하고 싶은 시간에 하려는 것이 인간입니다. 어린 아이들이 무엇인가 사고 싶을 때, 억지를 부리지만 부모는 그 때를 잘 맞추어 사줍니까? 예수님은 정확한 때에 찾아오셨고, 베드로를 구해주셨습니다. 주님은 계획한 시간에 오십니다. 우리가 늦게 오시는 것처럼 느껴질 때도 하나님의 타이밍이 가장 정확한 때라는 사실을 믿읍시다. 만약 내 생각에 주님의 도움의 손길이 늦으면 그 시간 동안 우리에게 꼭 필요한 교훈을 주시기 위함일 것입니다.

의심하지 말아야 한다

"믿음이 작은 자여 왜 의심하였느냐"(31절)

벳세다 들판에서 오천 명을 먹이신 주님은 폭풍우치는 고난의 한 가운데서도 변함없이 도아주시는 하나님이십니다. 육체적으로는 함께 계시지 않지만 싸늘하고 냉정한 삶의 현장에서 도와주시는 분이십니다. 의심은 좌절과 고통의 원인입니다.

어느 더운 여름날 농부가 호두나무 밑에서 이마에 땀을 닦으며 쉬고 있었습니다. 우연히 호박넝쿨을 보고는 혼자서 중얼거렸습니다.

'하나님은 참 이상한 분이야 저 조그만 넝쿨에다 큰 호박이 열리게 하신 이유를 모르겠어! 호두 같이 작은 것은 저 큰 나무에 열렸으니 참으로 불공평하구나!' 농부는 혀를 차면서 그늘에 누워 단잠에 빠지게 되었습니다. 얼마 동안 잠에 취하여 있을 때 농부의 이마에 "딱!" 하고 호두 하나가 떨어졌습니다. 깜짝 놀란 농부는 잠에서 깨어 벌떡 일어나 아픈 이마를 어루만지며 하나님께 감사했습니다. "만약에 저 큰 호박이 이 나무에 매달려 있었더라면 큰일날 뻔 했구나 하나님께서 호박넝쿨에 저 큰 호박이 열리게 하시고 저 작은 호두는 이 큰 나무에 열리게 하시니 참으로 감사합니다." 하나님의 생각과 인간의 생각은 너무나 큰 차이가 있습니다. "하나님이여 주의 생각이 내게 어찌 그리 보배로우신지요 그 수가 어찌 그리 많은지요 내가 세려고 할지라도 그 수가 모래보다 많도소이다" 시편 139편 17,18절의 말씀입니다. 하나님은 의심할 대상이 아닙니다. 그저 믿고 따르며 순종해야 할 인생의 창조주이십니다.

예수님은 하나님의 아들이시다

"배에 있는 사람들이 예수께 절하며 이르되 진실로 하나님의 아들이로소이다 하더라"(33절)

하나님의 아들이 아니고는 할 수 없는 기적적인 사건을 본 제자들은 예수님이 하나님의 아들이심을 고백하고 있습니다. 예수님이 하나님의 아들이심을 잊어버리면 두려움에 빠질 수밖에 없습니다. 주님은 전능자이십니다. 하나님이신 것입니다. 살아계신 하나님의 아들이신 예수님은 모든 불가능을 가능케 하십니다. 인간의 편에서는 불가능을 가능케 하는 것이지만 예수님의 편에서는 당연한 것을 행하시는 것입니다. 예수님은 모든 사람의 경배를 받으실 살아계신 하나님의 아들이십니다. 오늘 주님이 함께 하심을 잊어버리지 맙시다. 예수님과 함께 살므로 인생의 모든 문제를 해결받기를 원합니다.

진리가 무엇이냐?

요한복음 18:33-38

33 이에 빌라도가 다시 관정에 들어가 예수를 불러 이르되 네가 유대인의
왕이냐
34 예수께서 대답하시되 이는 네가 스스로 하는 말이냐 다른 사람들이 나
에 대하여 네게 한 말이냐
35 빌라도가 대답하되 내가 유대인이냐 네 나라 사람과 대제사장들이 너를
내게 넘겼으니 네가 무엇을 하였느냐
36 예수께서 대답하시되 내 나라는 이 세상에 속한 것이 아니니라 만일 내
나라가 이 세상에 속한 것이었더라면 내 종들이 싸워 나로 유대인들에
게 넘겨지지 않게 하였으리라 이제 내 나라는 여기에 속한 것이 아니니
라
37 빌라도가 이르되 그러면 네가 왕이 아니냐 예수께서 대답하시되 네 말
과 같이 내가 왕이니라 내가 이를 위하여 태어났으며 이를 위하여 세상
에 왔나니 곧 진리에 대하여 증언하려 함이로라 무릇 진리에 속한 자는
내 음성을 듣느니라 하신대
38 빌라도가 이르되 진리가 무엇이냐 하더라 이 말을 하고 다시 유대인들
에게 나가서 이르되 나는 그에게서 아무 죄도 찾지 못하였노라

진리가 무엇이냐?

빌라도의 심문

네가 유대인의 왕이냐(33절)

이 세상이 추구하는 것은 힘입니다. 권력입니다.

그 당시 유대를 지배하던 로마의 입장에서 새로운 유대인의 왕이 탄생했다는 것은 대단한 일입니다. 유대인과 대제사장들이 잡아온 예수님은 군대도 없었고 외적인 힘이라곤 전혀 없었습니다.

그럼에도 유대인들은 대역 죄인을 잡아온 것처럼 의기양양했고, 흥분과 미움으로 예수님을 향해 분노하고 있었습니다. 군중과 빌라도는 예수님에 대해 이 세상을 뒤엎을 수 있는 유대인의 왕이냐에 관심을 가지고 있었습니다.

예수님의 답변

"내 나라는 이 세상에 속한 것이 아니니라"(36절)

이 세상에서 최고의 삶을 추구하는 사람들은 이 말씀을 들어야 합니다. 정치와 권력, 그리고 부에 대한 자랑으로 살아가던 그 시대 사람들과 현대인들에게 주님은 이 세상이 전부가 아님을 말씀하고 있습니다. 인생에게 이 세상의 가치가 각각 다르지만 성경은 이 세상을 나그네들이 지나가는 장소 정도로 비유하고 있습니다.

한 나그네가 여행 중에 낯선 지역에서 밤이 되어 하룻밤을 묵게 되었습니다. 나그네는 대궐처럼 큰 집에서 주인에게 하룻밤 묵기를 청했습니다. 그러자 집 주인은 정중하게 거절하며 이렇게 말했습니다. "이 집은 여관방이 아니니 저 건너편 객주집이나 가보십시오" 그러자 나그네가 주인에게 물었습니다. "이 큰 집에서 몇 대가 살았습니까?" "16대째 살고 있다오" "그렇다면 그분들이 다 생존해 계십니까?" "허! 어리석은 소리 하지 마시오. 모두 세상을 떠난 지 오래 되었지요" 그러자 나그네가 반색을 하며 "그렇다면 이 집이 여관방과 같지 않습니까? 대대로 자고 가고 자고 가기를 16대라 하였으니 저도 하룻밤만 자고 가도록 허락해 주시기 바랍니다." 라고 말하자 주인은 어쩔 수 없이 하룻밤 묵는 것을 허락했다고 합니다.

이 세상이 거쳐 가는 곳이라면 목적지가 있을 것입니다. 어디를 가야 하는지 모르는 사람처럼 처량하고 불쌍한 사람은 없습니다. 얼마 전 교회 나온 할머니 한 분의 말씀이 기억납니다. "이제는 이 세상 보다는 저 세상에서의 일이 더 문제입니다."

여관주인의 상냥함과 여관의 아름다운 분위기에 사로잡혀 가야 할 목적지를 잊어버리고 눌러 살려고 한다면 이는 참으로 한심한 사람이 아닐 수 없습니다. 이 세상이라는 출구를 빠져나갈 때 새롭게 가야 할 최종 목적지가 기다리고 있는 인생임을 기억하십니까?

대화불통

예수님과 빌라도는 의사소통이 안 되고 있습니다. 예수님과 빌라도는 전혀 다른 세계를 추구하고 있습니다. 빌라도에게는 이 세상에 속하지 않는 나라에 대해서는 관심이 없습니다.

세상과 다른 통치와 권위를 가진 하나님의 나라에 대해서 백지 상태인 빌라도에게 "예수께서 대답하시되 내 나라는 이 세상에 속한 것이 아니니라 만일 내 나라가 이 세상에 속한 것이었더라면 내 종들이 싸워 나로 유대인들에게 넘겨지지 않게 하였으리라 이제 내 나라는 여기에 속한 것이 아니니라"(36절) 고 말씀하셨습니다.

그 당시 예수님을 따르는 세력은 정말로 대단했습니다. 만약 예수님께서 이스라엘 왕이 되려고 했다면 세상의 통치자가 될 수도 있었을 것입니다. 요한복음 16장 15절에서 잘 알 수가 있습니다. "그러므로 예수께서 그들이 와서 자기를 억지로 붙들어 임금으로 삼으려는 줄 아시고 다시 혼자 산으로 떠나 가시니라"

하나님 나라에 대한 예수님의 말씀

영원한 거처가 있다고 하심

인생의 죽음 건너편에 주님께서 예비하신 거처가 있음을 확신하면 미래에 대한 근심에서 해방되어 흔들림 없는 삶을 살 수가 있습니다.

요한복음 14장 1-3절에서 말씀하고 계십니다. "너희는 마음에 근심하지 말라 하나님을 믿으니 또 나를 믿으라 내 아버지 집에 거할 곳이 많도다 그렇지 않으면 너희에게 일렀으리라 내가 너희를 위하여 거처를 예비하러 가노니 가서 너희를 위하여 거처를 예비하면 내가 다시 와서 너희를 내게로 영접하여 나 있는 곳에 너희도 있게 하리라"

뉴스위크지에 발표된 내용을 보면 미국인의 80%가 천국을 믿고 있으며, 한국인은 30% 정도가 천국이 있을 것이라고 대답했다고 합니다.

"내가 왕이니라"(37절)

여기서 왕이란 세상의 권력으로 군림하는 왕이 아니라 우리를 죄로부터 구원하시기 위해 오신 왕이라는 말입니다. 예수님께서 하신 의도를 전혀 모르는 빌라도와 이 말을 악용해서 십자가에 못 박아 죽이려는 대제사장과 유대인들의 태도는 하나님의 뜻과 하늘과 땅의 차이라고 보아도 좋을 것입니다.

예수님은 인생을 죄로부터 구원하실 유일한 메시야요 구원자이십니다. 인간의 죄를 구원해 주실 유일하신 분인 것입니다. 이런 분이 왕입니다. 권력과 힘을 배경으로 한 왕과는 질적으로 다릅니다. 예수님은 섬기기 위해 만왕의 왕으로 오셨습니다.

"진리에 대하여 증언하려 함이로라"(37절)

예수님은 진리에 대해 증언하기 위해 오셨습니다.

빌라도가 생각하는 진리

정치적인 평화가 진리였습니다. 힘으로 눌러서 모든 사람이 반항하지 않고 정치적으로 조용하기를 원하고 있습니다. 정치적인 평화를 팍스(Pax)라고 합니다. 빌라도의 머리에는 정치적인 평화가 가득차 있습니다. 그러므로 예수님께서 말씀하시는 진리가 무엇인지 알 수 가 없는 것은 당연합니다.

세상 사람들의 진리

돈을 좋아하는 사람은 돈이 진리입니다. 악한 사람은 악한 방법만 궁리합니다. 그것이 진리라고 생각합니다. 사람들이 정한 진리는 모순투성입니다. 하나님의 진리는 언제나 변함이 없지만 사람의 진리는 조석변덕입니다.

아프리카 탄자니아에는 20㎞까지 한 눈에 볼 수 있는 넓은 평야가 있습니다. 그곳에는 여러 무리의 동물 떼가 한가롭게 풀을 뜯고 있는데, 어떤 경우는 "임팔라"라는 노루처럼 생긴 수백 마리의 짐승이 무리를 지어 사자들 앞에서 노는 것을 발견한다고 합니다. 그 이유는 사자는 식사 때만 지나고 나면 어떤 짐승이 뛰놀아도 해치는 법이 없기 때문이라고 합니다. 약한 짐승들도 그것을 알기 때문에 사자 앞에서 마음 놓고 지낼 수 있다고 합니다. 어떤 사람은 사자를 가리켜 사람 보다 낫다고 합니다. 배부르면 더 이상의 욕심을 부리지 않기 때문입니다. 만약 사람들 같으면 아무리 배가 불러도 비축한다고 다 잡으려고 할 것입니다.

예수님이 말씀하신 진리

요한복음 14장 6절에서 말씀하셨습니다. "내가 곧 길이요 진리요 생명이니 나로 말미암지 않고는 아버지께로 올 자가 없느니라" 그런데 이 '길' 이라는 단어 앞에는 정관사가 붙어 있습니다.

예수님만이 유일한 길이다

하나님과 인간 사이를 연결할 수 있는 유일한 분이십니다.

"하나님은 한 분이시요 또 하나님과 사람 사이에 중보자도 한 분이시니 곧 사람이신 그리스도 예수라" (딤전 2:5)

예수님은 우리를 천국에 도달하게 하는 길이다

목자 없는 양이 방황하듯이 인생 스스로는 방황할 수밖에 없습니다. 사람들은 가장 좋은 길을 따라 걸어간다고 생각합니다. 그러나 잠언 16장 25절은 이렇게 말씀하고 있습니다. "어떤 길은 사람이 보기에 바르나 필경은 사망의 길이니라" 예수님은 말씀하셨습니다. "내가 곧 길이다."

예수님을 통하지 않고는 아버지께로 갈 수 없습니다.

예수님은 안내자이십니다.

예수님만이 죄 많은 인생을 구원할 수 있는 구원자(진리)이다

"진리에 속한 자는 내 음성을 듣느니라" (37절)

진리에 속한 사람이 되자

진리에 속한 사람만이 진리를 듣습니다. 사람들은 자기의 이치에 맞아야 인정하는 지적인 추구심 때문에 진리를 부인합니다. 그리고 경험한 것만 합리적으로 인정합니다. 그러나 하나님의 진리는 인간의 지적인 판단과 경험에 좌우될 수 없는 불변적인 진리입니다. 진리에 속하지 않은 사람의 전형이 바로 빌라도입니다. 그래서 무슨 말인지 모릅니다. 단지 예수님이 죄가 없으신 분이라는 사실을 알았습니다. 예수님은 "내가 곧 진리"라고 말씀하십니다.

진리를 믿으면 천국을 소유하게 된다

하나님은 진리의 하나님이십니다. 하나님의 말씀인 성경도 진리입니다. 천국도 진리의 나라라고 성경이 말합니다. 요한계시록 21장 27절에 "무엇이든지 속된 것이나 가증한 일 또는 거짓말하는 자는 결코 그리로 들어가지 못하되 오직 어린 양의 생명책에 기록된 자들만 들어가리라" 그 어떤 악과 거짓도 존재할 수 없는 곳이 천국입니다. 예수님은 우리가 이 진리의 나라에 들어가도록 우리를 죄 문제로부터 해방하시고 거룩하게 하셨습니다.

"진리를 알지니 진리가 너희를 자유롭게 하리라" (요 8:32)

"그러므로 아들이 너희를 자유롭게 하면 너희가 참으로 자유로우리라" (요 8:36)

진리를 모르면 모든 것이 허사입니다. 성경을 성경대로 이해합시다. 이렇게 저렇게 뜯어 고치고 맞추어 보려니까 모순이 생깁니다. 이 세상을 창조하신 하나님의 능력이 함께 하시는 성경을 그대로 보고 이해하면 성경만큼 합리적인 것도 없습니다. 예수님은 말씀하셨습니다. "너희는 마음에 근심하지 말라 하나님을 믿으니 또 나를 믿으라"(요 14:1)

당신은 인생입니다

누가복음 12:13-21

13 무리 중에 한 사람이 이르되 선생님 내 형을 명하여 유산을 나와 나누게
하소서 하니
14 이르시되 이 사람아 누가 나를 너희의 재판장이나 물건 나누는 자로 세
웠느냐 하시고
15 그들에게 이르시되 삼가 모든 탐심을 물리치라 사람의 생명이 그 소유
의 넉넉한 데 있지 아니하니라 하시고
16 또 비유로 그들에게 말하여 이르시되 한 부자가 그 밭에 소출이 풍성하
매
17 심중에 생각하여 이르되 내가 곡식 쌓아 둘 곳이 없으니 어찌할까 하고
18 또 이르되 내가 이렇게 하리라 내 곳간을 헐고 더 크게 짓고 내 모든 곡
식과 물건을 거기 쌓아 두리라
19 또 내가 내 영혼에게 이르되 영혼아 여러 해 쓸 물건을 많이 쌓아 두었
으니 평안히 쉬고 먹고 마시고 즐거워하자 하리라 하되
20 하나님은 이르시되 어리석은 자여 오늘 밤에 네 영혼을 도로 찾으리니
그러면 네 준비한 것이 누구의 것이 되겠느냐 하셨으니
21 자기를 위하여 재물을 쌓아 두고 하나님께 대하여 부요하지 못한 자가
이와 같으니라

당신은 인생입니다

한 사람의 착각

예수님을 바로 알라

"무리 중에 한 사람이 이르되 선생님 내 형을 명하여 유산을 나와 나누게 하소서 하니"(13절) 예수님께서 이 땅에 왜 오셨습니까? 이 세상 사람들의 욕심이나 채워주기 위해 오셨을까요? 아직도 교회에 나오면서도 눈에 보이는 이익에 민감하게 반응합니까? 예수님을 바로 알지 못하면 예수님으로부터 책망을 받게 됩니다. 그리고 인생을 결산하는 시간에 부끄러움을 당하게 됩니다.

이 사람도 제법 예수님을 쫓아다닌 사람 같습니다. 그러나 정작 중요한 것은 모르고 있습니다. 교회에는 제법 다녔지만 정말 예수님이 누구인지 잘 모르는 사람들이 있습니다. 교회에서 무엇을 해야 하며, 그리스도의 몸 된 교회의 지체가 된 나는 무엇을 해야 하는지 잘 모릅니다. 그냥 교회에 적당하게 나와서 설교 듣고 가면 내 할 일이 끝났다고 생각합니다.

예수님을 바로 알고 있습니까? 왜 예수님이 이 땅에 오셨는지 아십니까? 나와 예수님이 얼마나 대단한 사이인가를 아십니까? 이 예수님과 깊은 교제를 나누고 싶지 않습니까? 사랑을 나누며 그분으로부터 사랑을 받고 행복해지고 싶지 않습니까? 아직도 교회는 나왔지만 예수님과 아무런 관계가 없는 분은 오늘 이 시간 예수님과 사랑하는 귀한 시간이 되기를 바랍니다.

우리를 자신의 목숨보다 더 사랑하시는 예수님은 우리를 향해 원하시는 것이 있습니다. 우리가 인생임을 알라는 것입니다. 그리고 인생에게 무엇이 중요한지를 잘 알아서 이 세상에서 가장 멋있는 삶을 살다가 예수님이 준비하신 그 다음의 처소에서 만나서 영원히 살기를 원하십니다. 그러므로 우리는 예수님이 원하는 만큼 성장해야 합니다.

우리 속담에 "새끼 송아지를 어려서부터 매일 한 번씩 들어보기 시작하면 그 어린 송아지가 황소가 되어도 들 수 있다." 는 말이 있습니다. 예배시간에 빠지지 않고 나오면 영적인 힘이 생깁니다. 예수님을 자세하게 알게 됩니다. 그리고 그 분과 깊은 사랑을 나누어 지금껏 맛보지 못한 기쁨과 평안을 맛보게 될 것입니다.

오늘 본문에 나온 이 사람의 질문은 도무지 예수님을 잘 알지 못하고 있는 사람의 질문입니다. "무리 중에 한 사람이 이르되 선생님 내 형을 명하여 유산을 나와 나누게 하소서 하니"(13절) 예수님의 대답은 기대 밖의 말씀입니다. "인자가 온 것은 잃어버린 자를 찾아 구원하려 함이니라"(눅 19:10) 하나님은 죄 많은 사람들에게 영원한 삶을 주고 싶은 것입니다. 성경에는 수많은 사람들이 "어떻게 해야 영생을 얻을 수 있습니까?"라고 묻습니다.

하루는 유대인의 관원이며 그 당시의 저명한 사람이었던 니고데모가 찾아와서 영생에 대해 질문할 때 예수님은 "그를 믿는 자마다 영생을 얻게 하려 하심이니라"고 요한복음 3잘 15절에서 말씀하셨습니다. 예수님을 통해 영생을 주시기를 원하는 하나님의 뜻이 있음을 한 번이라도 진지하게 생각해 보셨습니까? "하나님이 그 아들을 세상에 보내신 것은 세상을 심판하려 하심이 아니요 그로 말미암아 세상이 구원을 받게 하려 하심이라"(요 3:17)

무엇이 중요한지 바로 알라

사람들은 예수님께 자신의 욕심을 채우는데 도움을 달라고 요청합니다. 그 요청에 대한 예수님의 답변이 오늘 본문의 말씀입니다. "이르시되 이 사람아 누가 나를 너희의 재판장이나 물건 나누는 자로 세웠느냐 하시고"(14절) 예수님은 정말로 인생을 사랑하십니다. 인생에게 정말 중요한 것은 유산을 위한 싸움이 아니라 다른데 있음을 가르쳐 주신 말씀입니다. 이 세상은 유산싸움으로 얼마나 많은 사람이 미워하고 저주합니까? 예수님을 이용해서 세상의 욕심을 채우는 수단으로 생각하는 정도의 수준에서 벗어나지 못하고 있는 사람들에게 일침을 가하시는 말씀입니다. 물론 이 사람은 정말 억울합니다. 형이 아버지의 재산을 다 가지려고 합니다. 그러나 그 보다 더 중요한 것이 있는데, 이 사람은 무엇이 더 중요한지 모르고 있습니다.

인생에게 중요한 것

형제가 소유보다 중요합니다.

인생에게 가장 중요한 것

생명이 소유보다 중요합니다.

"그들에게 이르시되 삼가 모든 탐심을 물리치라 사람의 생명이 그 소유의 넉넉한 데 있지 아니하니라 하시고"(15절)

탐심의 노예가 된 부자를 통해 주는 교훈

물질로 인한 만족은 일시적이다

"심중에 생각하여 이르되 내가 곡식 쌓아 둘 곳이 없으니 어찌할

까" (17절)

부자는 너무 좋아 어쩔 줄 몰라 하고 있습니다. "어찌할까" "곡식이 많아 어찌할까" 부자는 흐뭇해하며 좋아하고 있습니다.

인생의 계획이 물질의 양과는 무관하다

"또 이르되 내가 이렇게 하리라 내 곳간을 헐고 더 크게 짓고 내 모든 곡식과 물건을 거기 쌓아 두리라" (18절)

물질이 있으면 자신의 앞길이 고속도로처럼 쭉 뻗어 나갈 것처럼 보이지만 아닙니다.

탐심은 영혼에게 아무런 도움을 주지 못한다

"또 내가 내 영혼에게 이르되 영혼아 여러 해 쓸 물건을 많이 쌓아 두었으니 평안히 쉬고 먹고 마시고 즐거워하자 하리라 하되" (19절)

탐심은 오히려 생명을 볼 수 없게 만듭니다. 이 부자는 물질이 많으면 영혼에게도 도움이 될 줄 알았는데 아닙니다. 오히려 물질은 영혼의 귀중함을 보지 못하게 만듭니다. 물질에 심취한 자는 영혼의 본질을 볼 수가 없습니다. 이 세상은 물질만능주의입니다. 물질을 통해 교회에까지 관여할 수 있다는 생각을 하는 어리석은 사람들이 간혹 있습니다. "돈을 좀 벌고 나서 교회에 가지요" "교회에서도 돈이 있어야 행세 하지요" 이런 사람일수록 영혼의 문제에는 어둡고 하나님과 거리를 두고 살 수밖에 없다는 사실을 알아야 합니다. 사실 이 부자가 얼마나 하나님과 먼 거리를 두고 살았는가를 통해서 이 사실을 잘 알 수 있습니다. "삼가 모든 탐심을 물리치라 사람의 생명이 그 소유의 넉넉한 데 있지 아니하니라"(눅 12:15) 예수님의 말씀입니다.

많은 물질(탐심)이 하나님의 존재를 잊어버리게 만든다

"하나님은 이르시되 어리석은 자여 오늘 밤에 네 영혼을 도로 찾으리니 그러면 네 준비한 것이 누구의 것이 되겠느냐 하셨으니"(20절)

탐심은 하나님으로부터 어리석은 자라는 최종판정을 받게 된다

탐심이 내일(내세)을 망칩니다.

인간의 입장에서는 물질이 내일을 보장해 준다고 생각하지만 하나님께서 보실 때는 한없이 어리석은 일입니다. 인생을 보장해 주시는 분은 하나님이십니다. 재물을 의지하지 마시기 바랍니다. 하나님을 바라보고 하나님을 의지하십시오.

비극적인 결말을 맞이한 이유

"자기를 위하여 재물을 쌓아 두고 하나님께 대하여 부요하지 못

한 자가 이와 같으니라" (21절)

이 사람은 이 세상에서 자기만을 위해 살다가 남긴 것이라곤 재물 외에는 없습니다. 자기를 위해 사용한 재물, 도무지 하나님과 상관이 없는 무익한 것입니다. 자기를 위하여 사는 자는 하나님에 대하여 부요하지 않습니다. 하나님께 투자하고 드릴 수 있는 마음을 요구하고 있습니다. 하나님께 투자하는 것은 결코 허비가 아닙니다. 하나님께서 허락한 시간, 재물, 건강을 가지고 하나님의 뜻대로 투자할 줄 아는 사람이 지혜로운 사람입니다. 마태복음 6장 20,21절은 말씀하고 있습니다. "오직 너희를 위하여 보물을 하늘에 쌓아 두라 거기는 좀이나 동록이 해하지 못하며 도둑이 구멍을 뚫지도 못하고 도둑질도 못하느니라 네 보물 있는 그 곳에는 네 마음도 있느니라"

인생은 하나님을 깊이 생각하며 살아야 할 존재이다

인생이 하나님처럼 착각하며 산 결과입니다. 물질을 하나님보다 귀하게 생각하고 산 결과입니다.

하나님을 사랑하며 살아야 할 인생이다

하나님을 사랑하면 하나님께 부요해집니다. 연애할 때 사랑하는 사람에게 얼마나 부자처럼 행세합니까? 돈이 없어도 있는 것처럼 돈을 물 쓰듯이 하는 부요함, 하나님께서 주신 생명과 건강, 물질을 가지고도 하나님에 대해서는 관심조차 가지지 않고 인색하게 살아가는 인생들에게 오늘의 말씀을 통해 경고하고 계십니다. "자기를 위하여 재물을 쌓아 두고 하나님께 대하여 부요하지 못한 자가 이와 같으니라"(21절) 영혼에 관한 관심을 가지신 하나님처럼 한 영혼에 관심을 가지고 살아야 합니다. 그리고 그들에게 오늘 한 부자 같은 사람이 세상에는 너무나도 많다는 사실을 일깨워주고 전해야 할 사명이 우리에게 있습니다.

하나님의 관심은 사람이다

이 땅에 예수님을 보내신 하나님의 사랑을 통해서 알 수 있습니다. 결국 인생은 예수님이 얼마나 중요한 분임을 알아야 합니다.

예수님은 내 생명보다 귀한 분이며 우리를 천국으로 인도하시는 분으로 영생을 주신 분입니다. 죄로 인해 죽을 수밖에 없는 인생을 구원하셨기 때문입니다. 토플레이디 목사는 인간은 매초 죄를 지으므로 80세를 사는 사람은 25억 2천 2백 88만 번의 죄를 짓는다고 했습니다. 그런데 예수님은 지구의 50억 인구 아니 지금까지 산 수 백억의 사람들의 죄를 감당하신 정말로 위대하신 하나님의 아들이십니다. 하나님의 대단한 관심은 자연계를 통해서 알 수 있습니다. 천문학자들은 천체망원경을 통해 바다의 모래보다 더 많은 별들을 보며 하나님의 위대하심에 감탄합니다.

한 영혼 개개인 모두는 하나님의 관심입니다. 하나님은 사람을 사랑하십니다. 한 영혼을 귀하게 보시기에 천하보다 귀한 영혼이라고 하셨습니다.

죄 많은 인생을 위해 예수 그리스도를 제물로 보내셔서 우리 대신 십자가에 달리시게 하시므로 우리의 죄를 해결해 주실 뿐만 아니라 우리에게 영생을 주시기를 원하고 계십니다. 우리에게 영원한 거처인 천국을 주시기 위해 예수님을 보내셨습니다. 이 사실을 심각하게 받아들이기를 바랍니다. "내 아버지의 뜻은 아들을 보고 믿는 자마다 영생을 얻는 이것이니 마지막 날에 내가 이를 다시 살리리라 하시니라" (요 6:40)

당신은 인생임을 기억하십시오. 자신이 아무리 강하다고 생각해도 인생이요, 주먹을 믿어도 풀 같은 인생입니다. 그리고 부귀를 가져도 잠시 있다가 없어지는 안개 같은 존재임을 알아야 합니다. 물질에 의해 행복을 소유할 수 없는 인생입니다. 인생의 만족과 행복은 하나님의 손에 있습니다. 생명을 잃으면 다 잃어버립니다. 하나님은 인간의 생명을 가지고 계십니다. 하나님을 바라고 살아야 할 인생입니다. 목마른 사슴이 시냇물을 찾기에 갈급함 같이 하나님을 찾아야 할 인생입니다.

시편 42편 1,2절의 말씀을 기억하고 있습니까? "하나님이여 사슴이 시냇물을 찾기에 갈급함 같이 내 영혼이 주를 찾기에 갈급하니이다 내 영혼이 하나님 곧 살아 계시는 하나님을 갈망하나니 내가 어느 때에 나아가서 하나님의 얼굴을 뵈올까"

팔레스타인 땅은 가을이 되면 수사슴과 암사슴이 짝을 짓습니다. 수사슴은 자기 짝을 찾아 적막한 사막을 온종일 헤매고 다닙니다. 가을에는 수사슴에게 또 다른 현상이 나타납니다. 그것은 심한 갈증을 느끼는 것입니다. 암사슴을 찾아다니면서 동시에 물이 있는 오아시스를 찾아 헤매는 수사슴은 결국 지치게 되고 신기루 현상을 보고 달려가지만 아무 것도 없습니다. 끝내 암사슴도 물도 찾지 못하고 수사슴들은 눈을 부릅뜨고 죽어 있는 모습을 볼 수 있다고 합니다.

사람에게 가장 중요한 문제는 영혼의 문제입니다. 영혼을 잃어버려서 무감각한 상태로 살아가는 사람은 비록 육의 생명은 가졌어도 무의미한 것입니다. 인생이 하나님에 대한 믿음이 없다면 그 결국은 후회와 통곡만이 남을 것입니다. "믿음의 결국 곧 영혼의 구원을 받음이라" (벧전 1:9)

믿음을 가지지 못한 인생은 일시적으로 파랗게 보이지만 뿌리로부터 잘린 생명력 없는 잎사귀에 불과합니다. 인생이 왜 낙망하고 허탈감을 가집니까? 하나님을 찾지 않고 하나님을 만나기를 갈망하지 않기 때문입니다. 하나님을 만나기를 갈망하는 자는 반드시 그 입에서 찬송과 기쁨이 넘쳐날 것입니다.

"내 영혼아 네가 어찌하여 낙심하며 어찌하여 내 속에서 불안해하는가 너는 하나님께 소망을 두라 나는 그가 나타나 도우심으로 말미암아 내 하나님을 여전히 찬송하리로다"(시 42:11)

마지막으로 하나님은 하나님께서 기뻐하시는 일을 행하신 분이시고 지금도 행하고 계신 하나님이십니다. 하나님을 사랑하며 감사하고 찬양합시다. "여호와께서 그가 기뻐하시는 모든 일을 천지와 바다와 모든 깊은 데서 다 행하셨도다"(시 135:6)

예수님의 소원

마태복음 8:1-4

1 예수께서 산에서 내려 오시니 수많은 무리가 따르니라
2 한 나병환자가 나아와 절하며 이르되 주여 원하시면 저를 깨끗하게 하실
수 있나이다 하거늘
3 예수께서 손을 내밀어 그에게 대시며 이르시되 내가 원하노니 깨끗함을
받으라 하시니 즉시 그의 나병이 깨끗하여진지라
4 예수께서 이르시되 삼가 아무에게도 이르지 말고 다만 가서 제사장에게
네 몸을 보이고 모세가 명한 예물을 드려 그들에게 입증하라 하시니라

예수님의 소원

수많은 무리가 따름

여기서 무리는 제자들을 비롯해서 많은 무리를 가리킵니다. 예수님은 산 위에서 산상수훈을 가르치시고 내려오셨습니다. 예수님의 진리의 말씀을 듣고 그 교훈을 받아들였기 때문입니다.

예수님께 나아온 나병사

오늘날에도 예수님을 따라다니는 많은 무리가 있습니다. 그러나 단지 설교를 듣고 아는데 그치는 사람이 있는가 하면 본문에 나온 나병환자처럼 자신의 문제를 실제적으로 치료함을 받는 사람도 있습니다.

나병은 심각한 병이다

나병 '레프로스' 는 비늘을 의미하는 '레피스' 라는 말에서 유래

하고 있는데, 이 병의 증상이 피부가 비늘 모양으로 변한다고 합니다. 증세로는 처음에는 어떤 부분이 아파오기 시작하다가 감각이 없는 상태로 심해지다가 살갗의 색깔이 변하고 붓다가 비늘같이 벗겨진다고 합니다. 나병은 불치의 병이었습니다.

나병은 하나님과 사람들로부터 버림받은 병이다

구약시대로부터 하나님으로부터 저주를 받는 최고의 형벌로 간주되어 왔습니다. 인간이 누릴 수 있는 모든 행복을 빼앗아가는 처참한 형벌이었습니다. 이 때문에 종교적, 위생적으로 완전하게 격리되어서 살았습니다. 정상적인 사람으로 인정받지 못하고 살았습니다. 인간으로서 누릴 수 있는 행복을 빼앗긴 인간 이하의 삶을 사는 사람들이었습니다.

"나병 환자는 옷을 찢고 머리를 풀며 윗입술을 가리고 외치기를 부정하다 부정하다 할 것이요 병 있는 날 동안은 늘 부정할 것이라 그가 부정한즉 혼자 살되 진영 밖에서 살지니라" (레 13:45-46)

옷을 찢고 머리를 푼 것은 극도의 슬픔을 나타내는 것입니다. 옷을 찢는 것은 찢어질 정도로 가슴이 아픈 것을 의미합니다. 머리를 풀어 헤치는 것은 극도의 슬픔에 정신을 차릴 수 없음을 의미합니다. 윗입술을 가린다는 것은 부끄러움의 표현입니다. 부정하다고 외친 것은 정결한 자가 자신으로 인해 더럽게 오염되는 것을 방지해야 했습니다.

그 당시는 나병환자와 가까이 한 사람은 부정한 자로 여겼고 나병환자가 출입한 집까지도 부정한 집으로 여겼습니다. 진 밖에 살아야 했는데 이는 공동체를 정결하게 수호하기 위해서 제외된 사람입니다.

영적으로 죄에 감염된 자도 하나님의 거룩한 공동체에 참여할 수 없다는 사실을 고린도전서 5장 13절에서 말씀하고 있습니다. 공동체를 오염시키고 다니는 자들에 대한 경고입니다. "밖에 있는 사람들은 하나님이 심판하시려니와 이 악한 사람은 너희 중에서 내쫓으라" (고전 5:13)

나병은 허물과 죄로 인해 하나님과 분리된 모든 인간을 상징한다

그런데 예수님은 바로 이런 나병환자와 같은 인간을 고치시기 위해 이 땅에 오셨다는 사실입니다. 예수님은 맹인과 못 걷는 사람, 그리고 나병환자, 못 듣는 자와 완전한 희망이 사라진 죽은 자에게까지 다가가셔서 복음을 전하셨습니다.

"맹인이 보며 못 걷는 사람이 걸으며 나병환자가 깨끗함을 받으며 못 듣는 자가 들으며 죽은 자가 살아나며 가난한 자에게 복음이 전파된다 하라" (마 11:5)

나병환자의 소원

인생은 소원이 있습니다. 그 소원을 어디에서 해결하려고 합니까? 자신의 의지입니까? 노력입니까? 아니면 돈, 그리고 세상의 권력자입니까? 믿음을 가졌다고 자신합니까? 나병환자의 소원을 통해 우리의 소원도 해결받기를 원합니다.

모든 사람에게 버림받은 사람이 예수님을 향해 강한 소원을 가지고 다가왔습니다.

"나아와"

예수님께 나갈 수 있는 용기는 참으로 대단한 것입니다. 그 당시 최고로 더러움의 상징이었던 나병 환자가 예수님께 나갈 수 있다는 것은 최고의 용기가 아닐 수 없습니다. 다른 사람의 입장에서는 법을 어기고 사람들이 모이는 곳까지 온 이 나병환자는 예의도 모르는 철면피요, 비난을 받아서 마땅한 사람입니다.

체면이나 다른 사람의 눈을 의식하지 마십시오. 다른 사람이 당신을 이상한 눈초리로 볼지라도 예수님을 향한 강한 열망이 우리에게 필요합니다. 예수님을 좇는 많은 무리가 손가락질하고 비난하고 정죄할지라도 예수님께 나아가는 용기는 참으로 대단합니다. 신앙생활 하다가 자신의 결점이 드러났을 때, 부끄러움과 미움 때문에(자존심이 상해서) 교회를 멀리하고, 어떤 경우에는 다른 먼 곳으로 교회를 옮겨가는 경우가 있습니다. 그것이 문제의 해결이 아닙니다. 오히려 예수님께 더욱 가까이 나아가는 것이 문제의 해결임을 믿어야 합니다.

"절하며"

헬라어 '프로세퀴네이'(*προσκυνέω*)로 '무릎 꿇다.' '경배하다'의 뜻입니다. 진정 자신의 겸손한 모습입니다. 많은 사람들의 경계와 멸시의 눈초리를 보면서도 주님을 경배하여 무릎 꿇을 수 있는 믿음을 가지기를 바랍니다.

"주여 원하시면"

나병환자가 예수님께 호칭한 '주여'는 '퀴리오스'(*κύριος*)라는 말로, 그 당시 사람들이 일반적으로 사용하던 랍비라는 말과 비교되지 않는 말입니다. 이는 종이 주인을 부를 때 사용하는 말로 강한 존경심과 자신의 문제를 해결할 수 있는 능력과 위엄을 갖춘 분임을 인정한 것입니다.

나병환자는 예수님께서 원하기만 하시면 자신의 불가능한 질병도 고칠 수 있다는 확신을 가지고 있습니다. 여러분은 주님에 대한 확신이 있습니까? 아직도 회의적이고 부정적입니까?

예수님의 소원

예수님의 소원은 문둥병자의 소원과 일치하고 있다

"예수께서 손을 내밀어 그에게 대시며 이르시되 내가 원하노니 깨끗함을 받으라 하시니 즉시 그의 나병이 깨끗하여진지라"(3절)

예수님의 소원은 나병환자 자신보다 강열하다

구약성경에는 나병환자의 치유를 확인하기 위한 제사장 외에는 아무도 나병환자를 마질 수가 없었습니다. 부정해지기 때문입니다. 그런데 예수님이 나병환자를 만졌으니 부정하게 되었습니다. 이처럼 예수님은 인생의 질병을 보시고 가만있지 못하시는 분입니다.

예수님은 인간의 허물과 죄를 보시며 그냥 계실 수 없는 분이십니다. 인생의 그 어떤 문제도 예수님만은 외면하지 않으십니다. 사랑하는 남편과 아내 그리고 부모님이 해결할 수 없는 아픔의 장소에 예수님은 손을 대시기를 원하십니다. 예수님께 나아가 손대어 주시기를 원하시겠습니까? 주님은 즉시 그 아픔의 상처 위에 손을 얹고 치료해 주실 것입니다. 사람들은 상처를 찌르고 고통을 주지만 주님만이 치료자이심을 믿으십시오.

예수님은 나약한 인간에게 손을 내 미신다

그에게 과거를 묻고 잘잘못을 지적하지 않으셨습니다. 병의 치료에 대가를 요구하지 않으셨습니다. 무조건적인 사랑입니다. 자신이 할 수 없는 일을 해 주시는 예수님은 당신보다 더 당신을 사랑하심을 믿으십시오. 예수님은 나약한 인간에게 손을 내미십니다. 언제나 먼저 내밀고 계심을 믿으십시오.

"예수께서 손을 내밀어 그에게 대시며 이르시되 내가 원하노니 깨끗함을 받으라 하시니 즉시 그의 나병이 깨끗하여진지라"(3절)

예수님만이 인생의 근본적인 문제의 치료자이시다

예수님께서 나병환자에게 손을 대시므로 더러워진 것이 아니라 오히려 부정한 자가 깨끗하게 되었습니다. 예수님을 만나는 자는 인생의 그 어떤 문제도 해결함을 받습니다. 그래서 예수님은 "수고하고 무거운 짐 진 자들아 다 내게로 오라 내가 너희를 쉬게 하리라"(마11:28) 고 하셨습니다.

예수님의 강렬한 사랑

"즉시 그의 나병이 깨끗하여진지라"(3절)

나병환자는 즉시 깨끗함을 받았습니다. 예수님은 그의 병을 즉시 치료해 주셨습니다. 이는 예수님의 소원이 바로 우리의 약함을 함께 아파하시는 것임을 알 수가 있습니다. 예수님은 무조건 사랑하시는 분이십니다. 우리의 아픔을 보시며 즐기시는 분이 아니십니다. 언제나 치료의 준비를 하고 계시는 사랑의 하나님이십니다. "그래 너의 죄 값을 좀 더 받아보려무나! 아직은 때가 아니므로 좀 더 고통을 당해!"라고 말씀하시지 않습니다. 이 세상에서는 죄의 크기에 따라 형량이 있습니다. 그러나 주님께로 돌아오는 자는 죄의 크기가 문제시되지 않습니다. 바로 상처를 싸매고 씻어 주십니다. 그리고 치료해 주시고 좋은 것으로 더 해 주십니다. 바로 하나님이 사랑이시기 때문입니다.

지금 예수님께 나오라

지금 예수님께 나오십시오. 아무런 조건이나 자격이 없어도 좋습니다. 더러운 과거 때문에 괴롭습니까? 예수님은 묻지 않으십니다. 과거를 묻지 않으십니다. 그리고 어떤 조건도 제시하지 않으십니다.

누가복음 15장에는 탕자가 아버지의 재산을 가지고 먼 나라로 가서 허랑방탕한 생활을 하다가 거지가 되어 집으로 돌아옵니다. 그런데 아버지의 반응은 인간적인 측면에서 보면 도무지 이해할 수 없는 모습을 보이고 있습니다. 아들이 먼 거리에 나타나자 아버지가 체면과 위신을 다 벗어 던지고 아들에게 뛰어가서 아들의 목을 안고 좋아하며 입을 맞춥니다. 그리고는 종들을 불러 잔치를 열게 합니다. 이런 아버지가 어디 있습니까? 거지가 되어 다 죽어가는 비참한 모습으로 돌아온 아들에게 잔치가 웬 말입니까? 참으로 창피하고 부끄러운 아들같이 보이는데 아버지는 아닙니다. 그래서 제일 좋은 옷을 입히고 가락지를 끼우고 신발을 신겼습니다.

여러분 예수님께 나오십시오. 나병환자가 치료함을 받았듯이 여러분의 그 어떤 문제(영적인 죄, 육적인 짐)도 해결 받을 것입니다.

"너희 모든 목마른 자들아 물로 나아오라 돈 없는 자도 오라 너희는 와서 사 먹되 돈 없이, 값 없이 와서 포도주와 젖을 사라" (사 55:1)

"너희는 여호와를 만날 만한 때에 찾으라 가까이 계실 때에 그를 부르라" (사 55:6)

회개한 자의 기쁨

시편 32:1-8

1 허물의 사함을 받고 자신의 죄가 가려진 자는 복이 있도다
2 마음에 간사함이 없고 여호와께 정죄를 당하지 아니하는 자는 복이 있도
다
3 내가 입을 열지 아니할 때에 종일 신음하므로 내 뼈가 쇠하였도다
4 주의 손이 주야로 나를 누르시오니 내 진액이 빠져서 여름 가뭄에 마름
같이 되었나이다
5 내가 이르기를 내 허물을 여호와께 자복하리라 하고 주께 내 죄를 아뢰
고 내 죄악을 숨기지 아니하였더니 곧 주께서 내 죄악을 사하셨나이다
6 이로 말미암아 모든 경건한 자는 주를 만날 기회를 얻어서 주께 기도할
지라 진실로 홍수가 범람할지라도 그에게 미치지 못하리이다
7 주는 나의 은신처이오니 환난에서 나를 보호하시고 구원의 노래로 나를
두르시리이다
8 내가 네 갈 길을 가르쳐 보이고 너를 주목하여 훈계하리로다

회개한 자의 기쁨

인생의 문제

이 세상 사람들의 문제는 출세요, 물질이요, 행복입니다. 이런 것들을 얻기 위해 노력하고 안간 힘을 씁니다. 그래서 사람들의 내면을 살펴보면 언제나 고민과 염려로 가득 차 있음을 볼 수 있습니다. 그러나 알고 보면 인간의 가장 근본적인 문제는 첫째, 죄의 문제이며, 둘째, 죽음의 문제입니다.

본문의 배경

본문은 다윗 왕이 범죄 한 후의 고백입니다. 다윗이 하루는 늦잠을 자고 성위에 올라가서 어떤 여인이 목욕을 하고 있는 것을 보고 이 여인을 데려다가 아내로 삼고는 그 남편을 죽여 버렸습니다. 밧세바라는 여인에게 반해서 살인과 간음의 죄를 범한 다윗이 그 죄를 깊이 숨기고 있었습니다. 아무도 그 죄를 모른다고 생각했습니다. 그런데 선지자 나단이 다윗의 죄를 지적하자 그는 무릎을 꿇었습니다. "나는 당신의 말처럼 죄를 지었습니다." "내가 몹쓸 죄를 지었습니다." 다윗은 그 어떤 이유도 말하지 않았습니다. 그 요사스러운 여자가 하필 내가 성 위에 올라갔을 때 내 눈에 띄지만 않았다면 나는 그런 죄를 범하지 않았을 것이라고 원망하지 않았습니다. 그는 순순히 "하나님 앞에서 죄를 지었다."고 자복하였습니다.

복 있는 자

죄에 대한 해결 없이는 결코 복 있는 자가 아닙니다.

오늘 본문에서 말씀하는 복된 자는 죄를 알고, 죄에 대해 솔직하게 시인하는 자라고 말씀합니다. "허물의 사함을 받고 자신의 죄가 가려진 자는 복이 있도다 마음에 간사함이 없고 여호와께 정죄를 당하지 아니하는 자는 복이 있도다" (1,2절)

인생이 불행한 이유는 죄 때문이다

성경을 66권 읽어보면 가난하고, 부하고, 건강하고, 잘살고, 오래 살고 하는 문제는 별로 흥미가 없는 것처럼 보입니다. 성경의 주제는 언제나 죄입니다. 불행의 이유가 죄 때문이요, 행복해질 수 있는 길도 죄 문제를 해결하는데 있다고 말씀하고 있습니다. 성경 전체의 메시지도 죄에 대한 것입니다. 세례요한의 첫 번째 외침도 "회개하라 천국이 가까웠느니라"는 메시지였고, 예수님의 외침도 마찬가지였습니다. 이 세상 사람들의 문제는 몸이 아픈 것이 아니라 마음이 아픈 것입니다. 마음이 아픈 이유는 바로 죄 때문입니다.

죄는 하나님으로부터 해결 받아야 한다

"마음에 간사함이 없고 여호와께 정죄를 당하지 아니하는 자는 복이 있도다"(2절) 하나님으로부터 정죄받지 않아야 합니다. 일시적으로 사람들의 눈을 피했다고 안심할 것이 아닙니다. 죄는 하나님으로부터 사함을 받아야 합니다.

인생의 고통은 죄를 품고 사는데 있다

"내가 입을 열지 아니할 때에 종일 신음하므로 내 뼈가 쇠하였도다"(3절) 죄를 죄로 여기지 않고 사는 이 시대가 얼마나 심한 중병을 앓고 있는지 알아야 합니다. 이 시대는 죄에 대해 불감증에 걸려 있습니다. 무엇이 죄인지, 무엇이 선인지 구별하지 못하며 삽니다. 자신에게 이익이 되면 선이요, 자신에게 손해가 되면 악을 대하듯 미칠 듯이 달려듭니다. 요즘은 죄라는 것을 말하기 꺼려합니다. 교회에서조차 죄 문제 듣기를 싫어하는 경향이 있습니다. 현대인들이 왜 불안합니까? 이 시대는 배고픈 것도 아니고, 추운 것도 아닌데 불안합니다. 그저 불안합니다. 바로 죄 때문입니다.

죄를 모르고 사는 사람의 어리석음

병원에 가보면 괴로운 일들이 많습니다. 자신이 죽을병에 걸려 있으면서도 그것을 모르고 병이 나으면 이 일도 하고 저 일도 하리라는 계획을 거창하게 말하는 사람들입니다. 죄로 인해 얼마나 더 심각한 상황에 이르고 있는지 모르며 계속 죄를 먹고 있는 것입니다.

고학을 하며 자취를 하는 몇 친구가 있었습니다. 남자들끼리 자취를 하다보니 그 살림이 말이 아니었습니다. 하루하루 대충 끓여먹고 사는 처지였던 것입니다. 하루는 식사당번인 친구가 간장을 떠내려고 간장독을 열고 보니 뭔가 떠 있는 것이 있었습니다. 자세히 보니 쥐 한 마리가 죽어 떠 있는 것이었습니다. 그 순간 이 친구는 아연실색하고 말았습니다. 지금까지 만든 반찬과 국에 이 쥐 썩은 것을 넣어 먹었나 생각하니 오장육부가 다 뒤틀리지 않을 수 없었던 것입니다. 온갖 더러운 병균을 다 가지고 있는 간장을 먹었으나 별 도리가 없었습니다. 그러나 그 사실을 안 이후부터는 괴로웠습니다.

그 간장을 알고 먹었든지 모르고 먹었든지 병균을 먹은 것은 사실이듯이, 죄도 알고 지었든지 모르든 지었든지 죄입니다. 적어도 사람들이 예수님을 믿기 전까지는 죄에 대해 무감각했습니다. 그렇다고 죄가 없었던 것이 아니라 몰랐기에 더욱 상태가 악화되고 있었지만 모른 것 뿐입니다. 이제 알았으니 병원에 가서 자신의 몸을 진

찰대 위에 올려놓고 치료를 받으면 됩니다.

죄를 알고도 입을 열지 아니하면(3절)

"내가 입을 열지 아니할 때에 종일 신음하므로 내 뼈가 쇠하였도다 주의 손이 주야로 나를 누르시오니 내 진액이 빠져서 여름 가뭄에 마름 같이 되었나이다"(3,4절)

원문을 보면 하나님 앞에서 비밀을 지킬 때라는 것입니다.

회개하지 않는 자의 고통은 짜증스럽고 원망스럽고 자기생활은 썩어갑니다. 자기상실과 절망, 그리고 무기력증에 빠져 파멸에 이르고 맙니다. 심각한 고통을 당합니다.

허물을 여호와께 자복하라

죄 문제는 하나님과의 관계입니다. 사람들은 죄악이 자신만의 비밀인 것처럼 생각하지만 이는 대단히 어리석은 일입니다. 죄는 숨길 수 없는 것입니다. 사람이 다 옳고 괜찮다고 해도 양심이 정죄하고 있습니다. 결국 죄는 인간 스스로 해결할 수 없습니다. 뉘우치고 반성하고 후회한다고 해결되는 것이 아닙니다. 자신의 죄를 아는 자는 어떻게 해서든 죄 문제를 해결하려고 합니다. 그 방법을 인격적인 수양이나 선행을 통해서 해결하려고 합니다. 이는 어리석은 일입니다. 오직 회개만이 그 방법입니다. 죄를 가지고 하나님께 나아가야 합니다. 그리고 하나님으로부터 사함을 받아야 합니다. "내가 이르기를 내 허물을 여호와께 자복하리라 하고 주께 내 죄를 아뢰고 내 죄악을 숨기지 아니하였더니 곧 주께서 내 죄악을 사하셨나이다" (5절)

주께서 죄악을 사하여 주셨다

하나님은 인간의 죄악을 해결해 주기를 기다리고 계시는 분처럼 성경에 기록되어 있습니다.

"내가 이르기를 내 허물을 여호와께 자복하리라 하고 주께 내 죄를 아뢰고 내 죄악을 숨기지 아니하였더니 곧 주께서 내 죄악을 사하셨나이다" (5절)

하나님은 죄악을 자복하자마자 곧 사하여 주셨습니다. 세상 사람들처럼 두고두고 죄를 가지고 약점으로 삼아 물고 넘어지지 않습니다. 즉시 용서해주시는 하나님이십니다.

예수님께서 우리의 죄 값을 대신 지고 십자가에서 죽으셨습니다.

예수님이 내 죄를 대신 지고 십자가에 죽으신 분임을 믿기만 한다면 죄는 깨끗하게 용서받게 됩니다. 하나님은 인간의 죄를 용서해 주시기 위해 미리 준비하고 계십니다. 죄의 대가를 지불하기 위해 걱정하고 계시는 것이 아니라 죄를 용서해 주기로 작정하고 기다리고 계십니다.

“여호와께서 말씀하시되 오라 우리가 서로 변론하자 너희의 죄가 주홍 같을지라도 눈과 같이 희어질 것이요 진홍 같이 붉을지라도 양털 같이 희게 되리라” (사 1;18)

회개한 자의 기쁨(6-8절)

“이로 말미암아 모든 경건한 자는 주를 만날 기회를 얻어서 주께 기도할지라 진실로 홍수가 범람할지라도 그에게 미치지 못하리이다 주는 나의 은신처이오니 환난에서 나를 보호하시고 구원의 노래로 나를 두르시리이라 내가 네 갈 길을 가르쳐 보이고 너를 주목하여 훈계하리로다” (6-8절)

두려운 것이 없다(6,7절)

홍수가 범람해도 미치지 못하고 아무것도 무섭지 않습니다. 이는 하나님께서 환난에서 보호하시고 구원의 노래로 나를 에우실 것이기 때문입니다. 그 어떤 문제도 걱정이 없습니다. 그것이 죄 문제가 아니기 때문입니다. 죄책이 없는 고난, 죄책이 없는 환난은 큰 문제가 아니기 때문입니다. 홍수가 와도 걱정할 것 없습니다. 하나님께서 다 도와주실 것이기 때문입니다. 사람이 정말로 걱정하는 것은 숨겨진 죄악 때문입니다.

영국의 어떤 사람이 유명한 정치인들에게 편지를 썼습니다. "당신의 죄악이 다 드러났으니 빨리 런던을 떠나시오." 놀라운 것은 많은 사람이 이 편지를 보고 런던을 떠나려고 했다는 것입니다. 숨겨진 죄가 괴롭히는 것입니다.

하나님과 사랑의 교제

"내가 네 갈 길을 가르쳐 보이고 너를 주목하여 훈계하리로다"(8절)

사랑하는 자와의 교제의 기쁨을 맛볼 수 있는 것은 바로 죄 문제가 해결되었을 때 가능합니다. 하나님의 인도함을 받는 사람은 참으로 행복한 사람입니다. 하나님께서 언제나 눈을 떼지 않고 사랑스런 눈으로 바라보시며 갈 길을 보여주시고 훈계해 주신다고 합니다. 얼마나 기쁜 일입니까? 하나님의 보호의 대상이 되고 인도함을 받는 사랑의 대상이 된 것입니다. 회개의 복을 소유합시다.

"허물의 사함을 받고 자신의 죄가 가려진 자는 복이 있도다 마음에 간사함이 없고 여호와께 정죄를 당하지 아니하는 자는 복이 있도다"(1,2절)

예수님이 당신을 만나면

요한복음 3:1-8

1 그런데 바리새인 중에 니고데모라 하는 사람이 있으니 유대인의 지도자라

2 그가 밤에 예수께 와서 이르되 랍비여 우리가 당신은 하나님께로부터 오신 선생인 줄 아나이다 하나님이 함께 하시지 아니하시면 당신이 행하시는 이 표적을 아무도 할 수 없음이니이다

3 예수께서 대답하여 이르시되 진실로 진실로 네게 이르노니 사람이 거듭나지 아니하면 하나님의 나라를 볼 수 없느니라

4 니고데모가 이르되 사람이 늙으면 어떻게 날 수 있사옵나이까 두 번째 모태에 들어갔다가 날 수 있사옵나이까

5 예수께서 대답하시되 진실로 진실로 네게 이르노니 사람이 물과 성령으로 나지 아니하면 하나님의 나라에 들어갈 수 없느니라

6 육으로 난 것은 육이요 영으로 난 것은 영이니

7 내가 네게 거듭나야 하겠다 하는 말을 놀랍게 여기지 말라

8 바람이 임의로 불매 네가 그 소리는 들어도 어디서 와서 어디로 가는지 알지 못하나니 성령으로 난 사람도 다 그러하니라

예수님이 당신을 만나면

예수님을 찾아온 사람 니고데모

세상적으로 보면 부족한 것이 없는 사람입니다. 한 마디로 세상적으로 성공한 사람입니다. 존경받는 사회 지도층에 속한 사람이었습니다.

바리새인

종교적으로 완벽한 사람입니다. 사람 앞에서 완전하게 보이는 사람입니다. 사람들로부터 신앙생활을 잘 한다고 인정받는 사람입니다.

유대인의 관원

정치적인 권력을 가진 사람으로 세상 사람들이 부러워하는 관직을 가지고 사는 사람입니다. 세상적으로 보면 부족한 것이 없는 사람입니다. 오늘날의 국회와 같은 조직인 산헤드린 공회의 구성원이었습니다.

왜 예수님을 찾아왔을까?

표적을 보고 찾아온 사람

니고데모가 예수님을 찾아 온 이유는 예수님의 초능력적인 기적을 보았기 때문입니다. 예수님은 요한복음 2장에 보면 가나안 혼인 잔칫집에서 물로 포도주를 만드신(요 2:1-11) 것을 시작으로 수많은 표적을 보이셨습니다(요 2:23 -유월절에 많은 사람이 예수님이 행하신 표석을 봄). 니고데모는 예수님에 대해 하나님에게서 온 선생이며, 하나님께서 함께 하시는 분이시라고 알고 있었습니다. 이 사람은 예수님의 신분에 관심이 있었습니다.

밤에 예수님을 찾아왔다

이는 그가 의도적으로 밤에 예수님을 찾아 온 것입니다. 결국 그는 거듭남의 진리를 알았고, 예수님으로부터 인생 최고의 진리를 소유하게 된 것입니다. 여러분도 거듭남의 축복과 체험을 소유하며 살기를 바랍니다.

예수님의 첫 마디

거듭나야 한다

"사람이 거듭나지 아니하면"(3절) 예수님이 니고데모를 만나서 하신 첫 마디가 "니고데모야, 거듭나야 한다."는 말씀이셨습니다. 예수님 앞에 서 있는 니고데모는 세상적으로 완벽한 사람입니다. 깡패나 세리, 그리고 죄인과는 거리가 멉니다. 하나님과 상관없는 삶을 살아온 사람이 아닙니다. 적어도 니고데모는 경건한 삶을 살았고, 율법에 정통한 사람으로 도덕과 종교를 가르치는 사람이었습니다. 그런데 이 대단한 사람에게 거듭나야 한다고 말씀하십니다. 주님의 관심은 사람의 거듭남에 있습니다. 당신은 거듭났습니까?

거듭나야 하는 이유

예수님은 거듭나야 할 이유를 말씀하십니다. "예수께서 대답하여 이르시되 진실로 진실로 네게 이르노니 사람이 거듭나지 아니하면

하나님의 나라를 볼 수 없느니라"(3절)

니고데모 같은 엘리트도 거듭나야 합니다. 왜 거듭나야 합니까? 이는 거듭나지 아니하면 하나님 나라를 볼 수도 없고 하나님 나라에 들어갈 수 없기 때문입니다. 여기서 하나님 나라란 죽은 다음에 가는 천국만을 생각해서는 안 됩니다. 물론 거듭나지 않으면 천국에 갈 수 없습니다. 그리고 이 세상에서도 하나님을 모시고 천국의 기쁨을 맛보며 살 수가 없습니다. 하나님의 뜻대로 사는 사람, 하나님의 지배를 받으며 사는 사람은 평강과 기쁨을 맛보며 삽니다. 반드시 거듭나야만 맛볼 수 있는 삶이 천국의 삶입니다. 먹고 마시는 것이 풍족하다고 행복하다고 말할 수 없습니다. 진정한 행복은 하나님의 지배를 받으며 사는 삶입니다. 로마서 14장 17절은 말씀합니다. "하나님의 나라는 먹는 것과 마시는 것이 아니요 오직 성령 안에 있는 의와 평강과 희락이라." 여러분! 거듭나지 않으면 하나님이 통치해 주는 삶의 진정한 기쁨을 누릴 수가 없는 것입니다.

거듭남에 대한 오해

교회에 나오면서 차츰 변화하는 것이 아닙니다.

교회에 나오면서 거듭나는 것이 아닙니다. 사람이 조금 바뀌고 나아지는 것이 거듭나는 것이 아닙니다.

거듭남은 개조가 아니다

거듭남은 단장이 아닙니다. 화장을 통해 어느 정도 아름답게 되는 것이 아닙니다. 인간 스스로의 노력으로 되는 것이 아닙니다. 하나님께 내 화려함을 보이고 열심을 보여 드렸다고 거듭나는 것이 아닙니다.

거듭남은 새로운 창조이다

새롭게 태어나는 것입니다. "그런즉 누구든지 그리스도 안에 있으면 새로운 피조물이라 이전 것은 지나갔으니 보라 새 것이 되었도다" (고후 5:17)

거듭남은 하나님에 의해서만 가능하다

인생이 거듭나는 것은 하나님에 의해서만 가능합니다. 인생의 방법이나 환경이 바뀌었다고 개선되는 것이 아닙니다.

어떤 목사님은 6 · 25전쟁 때 자기가 다니는 중학교가 불타는 것을 보며 기뻐했다고 합니다. 왜냐하면 자기의 성적표가 함께 불탄다고 생각했기 때문입니다. 사람들은 좋지 못한 과거를 묻고 싶어합니다. 죄도 묻고 싶어 합니다. 그러나 환경이 달라지고 인간의 노력으로 과거를 묻었다고 그 사람이 새로워진 것은 아닙니다. 하나님에 대한 근본적인 변화가 아니면 안 됩니다.

"예수께서 대답하시되 진실로 진실로 네게 이르노니 사람이 물과 성령으로 나지 아니하면 하나님의 나라에 들어갈 수 없느니라"(5절) 여기에서 예수님은 물과 성령으로 나야 한다고 말씀합니다. 이 내용을 칼빈은 "성령에 의한 정화작업을 말한다."고 했습니다. 이는 성령에 의해 새롭게 된다는 말씀입니다.

"육으로 난 것은 육이요 영으로 난 것은 영이니 내가 네게 거듭나야 하겠다 하는 말을 놀랍게 여기지 말라"(6,7절)

6,7절의 말씀은 하나님의 은혜를 떠나 사는 사람의 부패함을 말씀하고 있습니다. 육적인 노력으로 인해 생기는 것은 육에 의한 것뿐입니다. 거듭남(중생: 구원)은 하나님의 영역으로 성령에 의해서만 가능하다는 말씀입니다. 하나님은 성령에 의해서 사람들을 영적인 생명을 가진 자로 새롭게 태어나게 합니다.

요한복음 3장 14-16절에서는 더욱 정확하게 그 해답을 말씀하고 있습니다.

"모세가 광야에서 뱀을 든 것 같이 인자도 들려야 하리니 이는 그를 믿는 자마다 영생을 얻게 하려 하심이니라 하나님이 세상을 이처럼 사랑하사 독생자를 주셨으니 이는 그를 믿는 자마다 멸망하지 않고 영생을 얻게 하려 하심이라"

14절의 배경

불뱀에 물린 사람은 장대에 높이 달린 놋뱀을 보는 순간 치료가 일어나고 죽은 목숨이 새로운 삶을 산 것처럼 예수님의 십자가를 바라보지 않고는 구원을 받을 수 없습니다. 인간의 구원은 예수 그리스도의 십자가를 바라보지 않고는 불가능합니다.

인간에게는 방법이 없습니다. 죄를 지은 인간에게는 그 어떤 방법도 구원을 이룰 수 없습니다. 이스라엘 백성이 놋뱀을 보면서 '저 놋뱀이 나를 살려줄 것이다."라고 믿고 쳐다본 자가 다 살아났듯이 죄로 말미암아 사망 앞에 있던 우리의 죄를 짊어지고 십자가에 달리신 예수님을 바라보며 하나님의 방법에 의지하는 사람에게 죄 사함과 새 생명이 주어집니다.

아직도 거듭남의 체험이 없는가?

십자가를 바라보라

아직도 교회에는 나왔으나 십자가를 바라보지 않고 습관적으로 다니고 있습니까?

유럽에 유명한 화가가 있었습니다. 그는 전통적인 신앙인이었습니다. 교회에 출석을 잘 한 사람으로 자신의 과거의 삶과 신앙생활에 나름대로 자부심을 가지고 있었습니다. 그는 종교적인 열심으로 예수님의 그림을 그리기로 작정했습니다.

"십자가상의 그리스도"라는 제목으로 그림을 그리기를 원했습니다. 그가 산 속을 여행하다가 집 없이 떠돌아다니는 어린 소녀를 만났습니다. 그 소녀가 마음에 들어 자기 화실에서 그림 이야기를 해주며, 그림을 그릴 때는 옆에서 보게 했습니다. "십자가상의 그리스도" 그림 중에 예수님이 십자가에서 고통을 당하는 모습을 본 소녀가 물었습니다.

"아저씨, 저 사람 저렇게 끔찍한 형벌을 당하고 있는 것을 보면 굉장히 나쁜 사람인가 봐요" 화가가 대답합니다. "아니야, 이 분은 너무나 좋은 분이야. 이 분은 자기의 죄 때문에 죽으신 것이 아니고 온 인류의 죄를 짊어지고 죽으신 거야." 그러자 그 소녀는 화가를 똑바로 쳐다보며 말합니다. "아저씨, 그러면 저분이 아저씨를 위해 죽으셨나요?"

이 말에 화가는 충격을 받은 사람처럼 멍해졌습니다. 귀가 따갑게 들은 이야기이지만 그 순간 예수님의 십자가가 바로 자신을 위한 죽음이었다는 사실을 깨달았기 때문입니다. 이 화가는 중생의 체험 없이 교회를 다닌 것입니다.

거듭남의 뜻

거듭남은 헬라어 '아노덴' 으로 '위에서부터' 라는 뜻으로 하나님께로부터 새롭게 되어야 한다는 뜻입니다. 영적인 문제인 거듭남은 육적인 노력으로 얻어지는 것이 아니라 하나님의 은혜와 능력으로만 새롭게 될 수 있습니다.

사람들은 교회에서 자신의 의로움과 많이 드렸다고 생각되는 물질에 의해 자신의 영적인 문제도 변한다고 생각합니다. 천만에요!

사람이 위로부터 나지 아니하면 하나님 나라를 체험할 수도, 하나님 나라에 참여할 수도 없을 뿐 아니라 소유하고 누릴 수도 없습니다.

하나님께서 인생에게 제시하신 방법

"이는 그를 믿는 자마다 영생을 얻게 하려 하심이니라 하나님이 세상을 이처럼 사랑하사 독생자를 주셨으니 이는 그를 믿는 자마다 멸망하지 않고 영생을 얻게 하려 하심이라" (요 3:15,16)

최고의 사랑의 방법입니다.

믿어야만 구원을 얻게 된다

예수님의 십자가를 바라보며 예수님을 구세주로 영접하는 순간 당신은 성령에 의해서 새롭게 태어날 것입니다.

하나님의 방법을 신뢰하고 살자

인생을 창조하신 하나님이십니다. 계속해서 육적인 것만 추구하고 살겠습니까?

예수님을 믿는 순간 우리는 새로운 삶을 살게 됩니다.

당신은 진정 거듭났습니까?

거듭났으면 거듭남의 체험이 있습니까?

예수님이 오늘 우리를 만난다면 분명하게 다시 한 번 힘주어서 말씀하실 것입니다.

"예수께서 대답하여 이르시되 진실로 진실로 네게 이르노니 사람이 거듭나지 아니하면 하나님의 나라를 볼 수 없느니라" (3절)

"하나님이 세상을 이처럼 사랑하사 독생자를 주셨으니 이는 그를 믿는 자마다 멸망하지 않고 영생을 얻게 하려 하심이라" (요 3:16)

니고데모는 밤에 예수님을 찾아왔습니다. 이는 의도적으로 시간을 내서 예수님을 찾아온 것입니다. 결국 그는 거듭남의 진리를 알았고, 예수님으로 인생 최고의 진리를 소유하게 된 것입니다.

여러분도 일부러 시간을 내서 주님을 만나기를 애쓰시기를 바랍니다. 그리고 그 결과 하나님의 축복인 거듭남과 하나님의 사랑의 체험을 소유하며 살기를 바랍니다.

길

요한복음 14:1-6

1 너희는 마음에 근심하지 말라 하나님을 믿으니 또 나를 믿으라
2 내 아버지 집에 거할 곳이 많도다 그렇지 않으면 너희에게 일렀으리라
내가 너희를 위하여 거처를 예비하러 가노니
3 가서 너희를 위하여 거처를 예비하면 내가 다시 와서 너희를 내게로 영
접하여 나 있는 곳에 너희도 있게 하리라
4 내가 어디로 가는지 그 길을 너희가 아느니라
5 도마가 이르되 주여 주께서 어디로 가시는지 우리가 알지 못하거늘 그
길을 어찌 알겠사옵나이까
6 예수께서 이르시되 내가 곧 길이요 진리요 생명이니 나로 말미암지 않고
는 아버지께로 올 자가 없느니라

길

인생이 살아가는 한 평생을 길로 표현한다

야곱은 애굽의 바로왕 앞에서 자신의 한평생을 이렇게 말합니다. "내 나그네 길의 세월이 백삼십 년이니이다 내 나이가 얼마 못 되니 우리 조상의 나그네 길의 연조에 미치지 못하나 험악한 세월을 보내었나이다" (창 47:9)

인생의 길에 하나님이 없다면

근심의 길이 될 수밖에 없습니다. 어머니와 함께 시장을 간 어린 아이가 사람들 틈바구니에서 어머니를 잃어버렸을 때 근심에 싸여 울 수밖에 없습니다. 도대체 어떤 길을 통해 자기의 집으로 가야 하는지 모르기 때문입니다. 인생도 하나님 없이 일시적으로 살아갈 수 있습니다. 그러나 마음 속 깊이 박힌 근심의 뿌리는 어찌할 수 없습니다.

"너희는 마음에 근심하지 말라 하나님을 믿으니 또 나를 믿으라" (1절) 이 말씀은 인생의 근심을 해결할 수 있는 길은 하나님을 믿고 예수님을 믿을 때만 가능하다는 것입니다.

하나님은 인생의 요새요, 피난처이십니다. 시편 91편에서 말씀하고 있습니다. 시편 91편을 읽어보십시오. 하나님과 함께 하는 삶이 얼마나 안전하고 신나는 삶임을 알 수 있습니다. 시편 91편 11절에는 이렇게 말씀하고 있습니다. "그가 너를 위하여 그의 천사들을 명령하사 네 모든 길에서 너를 지키게 하심이라"

인생의 길은 안식처를 향해 가고 있다

나그네 길을 가는 인생에게 안식처가 없다면 참으로 피곤하고 불안할 것입니다. 언제 오아시스를 만날는지 모르고 마냥 사막을 걸어가는 사람을 상상해 보십시오. 얼마나 처량하겠습니까? 목적지도 모르고 그저 현재만을 만족하며 살아가는 삶은 희망이 없습니다.

인생길의 최종 목적지에 거처가 있다는 사실을 아십니까? 그 거처는 하나님을 믿고 예수님을 믿음으로만 갈 수 있습니다. "너희는 마음에 근심하지 말라 하나님을 믿으니 또 나를 믿으라 내 아버지 집에 거할 곳이 많도다 그렇지 않으면 너희에게 일렀으리라 내가 너희를 위하여 거처를 예비하러 가노니" (요 14:1,2)

인생길의 최종 목적지는 아버지 집이다

준비된 거처는 넉넉한 곳입니다. 인생길의 목적지인 준비된 거처는 "아버지 집"입니다. 그런데 아버지 집에는 거할 곳이 많습니다(2절). 명절 때에 가족이 다 모였는데, 있을 곳이 없어서 어떤 사람은 평상에 가서 자고 이웃집에 가서 잠을 잔다면 아버지 집을 찾는 것을 좋아하지 않을 것입니다. 요즘은 결혼의 조건을 제시하면서 어떤 집에 거할 것인지 관심이 많습니다.

성경은 하나님 집이라고 표현하지 않고 아버지 집이라고 표현합니다. 이는 가장 포근하고 자유가 있고 풍부하며 사랑이 있는 곳임을 나타내고 있는 것입니다. 인생길의 최종 목적지에 아버지 집이 기다리고 있습니다. 당신은 그 아버지 집을 소유할 수 있다고 확신합니까?

예수님을 바로 알자

예수님이 무엇 때문에 우리에게 필요한 분인지 모르면 예수님을 단지 종 부리듯이 하고, 자신에게 복이나 주는 복주머니 정도로 생각할 수 있습니다.

현재의 필요를 위한 분, 오늘의 만족을 위해서만 필요한 분으로 생각하기 쉽습니다. 그러나 예수님은 4절에서 "내가 어디로 가는지 그 길을 너희가 아느니라"고 했는데, 이는 "너희는 내가 어디로 가는지 아느니라"는 의미로 이 말씀은 지금 제자들이 예수님과 함께 생활하고 교훈을 받은 현 시점에서 가장 중요한 것은 예수님을 바로 알아야 한다는 것입니다. 오늘날 많은 사람이 예수님이 어떤 분인지 잘 모르고 있습니다. 어떤 이는 현세에서의 욕망을 채워주는 분으로 압니다. 과거 역사 속에 살았던 훌륭한 성인 정도로 압니다. 가난하고 억눌린 자들의 해방자로 압니다.

도마같은 그리스도인

도마는 적어도 제자로서 수많은 교훈을 들었지만 예수님에 대해 잘 모르고 있었습니다. "도마가 이르되 주여 주께서 어디로 가시는지 우리가 알지 못하거늘 그 길을 어찌 알겠사옵나이까"(5절) 예수님께서는 자신이 십자가에서 죽어야 하며 부활하신 후에 하나님께로 갈 것이라고 수차에 말씀하셨으나 아직도 정치적인 왕이 되실 분 정도로 생각하는 도마는 그 말씀이 무슨 말씀인지 도무지 알 수가 없었습니다. 영적인 분별력이 결여된 그는 여전히 진리를 보지 못하고 있습니다.

오늘날에도 구원이 무엇인지 교회가 왜 세워졌는지조차 모르고 교회를 세상의 기업처럼 생각하고, 예수님을 세상의 훌륭한 성인 정도로 생각하며 교회에 나오는 사람들이 얼마나 많은지 모릅니다. 예수님에 대해서 모르면 다른 성경의 내용을 아무리 많이 알아도 소용이 없습니다. 예수님을 바로 알고, 예수님을 만나야 합니다. 예수님을 인생의 주인으로 영접해야 합니다.

예수님이 길이다

예수님을 통해서만 인생의 영원한 거처인 아버지 집에 도달할 수 있습니다. 여기서 예수님만이 길이라고 말씀하고 있습니다. 원어인 '에고 에이미 헤 호도스', '에고 에이미'는 '나'라고 하는 것이 강조되어 있고, '헤 호도스'는 관사로 영어로는 "I am the way" 입니다. 이는 내가 바로 그 길이라는 말입니다.

예수님을 구주로 영접하면 예수님은 길이 되어 주십니다.

함께 하신 분이다

살아온 모든 세월과 앞으로 살아가야 할 남은 모든 삶을 길이라는 말로 표현할 수 있습니다. 이는 예수님께서 믿는 자들과 함께 살아주시고 그들을 인도해서 천국까지 함께 가서 영원히 거하겠다는 말씀입니다. 성경은 예수님을 신랑과 친구에 비유하고 있습니다. 이는 완전히 함께 하시는 분, 영원히 함께 하실 분임을 가리키는 것입니다.

먼저 가신 분이다

예수님은 자신을 따르라고 하십니다. 예수님은 십자가의 길이며 좁은 길, 험난한 길을 우리를 위해 먼저 가셨습니다. 친히 먼저 가시고 계십니다. 본을 보여 주시고 우리를 그 길로 인도하기 위해 수난과 고통, 치욕을 당하셨습니다. 우리의 길이신 예수님을 따라가기만 하면 됩니다. "I am the way" 예수님을 따라가야 길이 있습니다. 열린 길입니다. "오늘 많은 사람들은 스스로 길이 되어 보려고 한다. 그러나 인생은 어떤 방법으로도 스스로 길이 될 수 없다. 인생에게는 길 되신 주님이 필요하다."(존스 선교사)

산 사람이 인도하는 길

"예수께서 이르시되 내가 곧 길이요 진리요 생명이니 나로 말미암지 않고는 아버지께로 올 자가 없느니라"(6절) 예수님은 자신이 생명이라고 말씀합니다. 인생은 살아계신 분의 인도를 받아야 합니다. 죽어있는 자가 인도할 수 없습니다. 유언이나 자서전은 교훈이나 살아가는 방법과 철학을 제시해 줄 수 있지만 인생을 영원한 처소까지 인도할 수는 없습니다.

내일이 없이 사는 것이 저주이다

인생의 영원한 처소를 모르고 사는 것은 저주입니다. 분명한 목표를 보고 걷지 않으면 그 길은 바르지 못할 것이며, 그 발자국은 엉망일 수밖에 없습니다. 우리 주님은 인생이 목표를 향해서 나아가기를 원합니다. 예수를 바라보십시오. 길 되신 예수님과 함께 갑시다. 그 분을 당신의 주인으로 인정하십시오. 그러면 인생을 허비하지 않고 곧게 나아갈 수 있을 것입니다.

하나님의 눈을 어떻게 피할 수 있나?

창세기 3:6-13

6 여자가 그 나무를 본즉 먹음직도 하고 보암직도 하고 지혜롭게 할 만큼
탐스럽기도 한 나무인지라 여자가 그 열매를 따먹고 자기와 함께 있는
남편에게도 주매 그도 먹은지라
7 이에 그들의 눈이 밝아져 자기들이 벗은 줄을 알고 무화과나무 잎을 엮
어 치마로 삼았더라
8 그들이 그 날 바람이 불 때 동산에 거니시는 여호와 하나님의 소리를 듣
고 아담과 그의 아내가 여호와 하나님의 낯을 피하여 동산 나무 사이에
숨은지라
9 여호와 하나님이 아담을 부르시며 그에게 이르시되 네가 어디 있느냐
10 이르되 내가 동산에서 하나님의 소리를 듣고 내가 벗었으므로 두려워하
여 숨었나이다
11 이르시되 누가 너의 벗었음을 네게 알렸느냐 내가 네게 먹지 말라 명한
그 나무 열매를 네가 먹었느냐
12 아담이 이르되 하나님이 주셔서 나와 함께 있게 하신 여자 그가 그 나무
열매를 내게 주므로 내가 먹었나이다
13 여호와 하나님이 여자에게 이르시되 네가 어찌하여 이렇게 하였느냐 여
자가 이르되 뱀이 나를 꾀므로 내가 먹었나이다

하나님의 눈을 어떻게 피할 수 있나?

인간의 죄

말씀에 대한 확신을 가지지 못한 결과

아담과 하와의 실패는 하나님 말씀에 대한 확신이 없었기 때문입니다. 사탄은 말씀에 대한 확신이 없는 자를 농락합니다. 결국 하와도 농락당하고 만 것입니다. 하나님께서는 창세기 2장 17절에서 "선악을 알게 하는 나무의 열매는 먹지 말라 네가 먹는 날에는 반드시 죽으리라 하시니라"고 하셨는데, 사탄의 질문에 대해 "동산 중앙에 있는 나무의 열매는 하나님의 말씀에 너희는 먹지도 말고 만지지도 말라 너희가 죽을까 하노라"(창 3:3)고 했습니다.

하나님의 말씀을 대할 때 하나님의 말씀을 대면한다는 자세를 가져야 합니다. 사탄은 말씀을 자신의 생각이나 경험과 욕심으로 포장하는 자를 공격 대상으로 삼는다는 사실을 기억하십시오. 세상이 이러니 하나님도 이해하겠지! 어떻게 그렇게 말씀을 지킬 수 있나? 라고 하나님의 말씀에 여러분의 생각을 개입시키지 마십시오. 이는 자신이 파괴되기 시작하는 첫 번째의 징조입니다. "주 여호와여 오직 주는 하나님이시며 주의 말씀들이 참되시니이다 주께서 이 좋은 것을 주의 종에게 말씀하셨사오니" (삼하 7:28)

죄의식을 느낄 때

죄를 짓지 않고 산 사람은 없습니다. 그러나 죄를 지었을 때의 해결방법을 찾아야 합니다.

수치심과 도피하고 싶은 마음

죄를 지은 사람은 멀리 숨고 싶습니다. 모르는 사람들이 있는 곳으로 가서 혼자서 살고 싶습니다. 이는 죄에 대한 부끄러움의 결과입니다. 하나님은 사람에게 죄에 대해 느끼도록 양심을 주셨습니다. 교인들과 좀 멀리 떠나고 싶다는 생각이 듭니다. 그러나 도피하거나 숨는 것은 근본적인 방법이 아닙니다. 오히려 거짓을 일시적으로 위장하여 자신을 속이는 또 다른 죄를 범하는 것입니다. 오늘 본문은 그들이 부끄러움을 느껴 무화과나무로 치마를 만들어 입었습니다. 자신들이 죄 지은 것을 알게 되자 부끄러움을 느끼기 시작한 것입니다. 하나님은 사람이 죄를 지었을 때 부끄러움을 느끼도록 만드셨습니다. 이는 바로 하나님을 모르는 자들도 양심이 있다는 증거가 됩니다.

해결책을 스스로 찾을 수 없는 인간

인간의 그 어떤 방법으로도 자신의 수치를 감출 수 없습니다. 그들이 무화과나무로 옷을 만들어 입었다고 해서 그들의 문제가 해결될 수 없었습니다. 그들이 기껏 한 것이라고는 고작 수치심을 모면해 보기 위해 도망치는 정도에 불과했습니다. "이에 그들의 눈이 밝아져 자기들이 벗은 줄을 알고 무화과나무 잎을 엮어 치마로 삼았더라 그들이 그 날 바람이 불 때 동산에 거니시는 여호와 하나님의 소리를 듣고 아담과 그의 아내가 여호와 하나님의 낯을 피하여 동산 나무 사이에 숨은지라" (7,8절)

하나님의 눈을 어떻게 피할 수 있나?

죄 지은 사람들이 주로 쓰는 방법 중에 하나는 하나님을 애써 외면하고 부인하는 것입니다. 하나님을 외면한다고 될 일이 아닙니다. 하나님의 눈을 어떻게 피할 수 있습니까? 아담과 하와가 동산나무에 숨었으나 그들은 하나님께 금방 들키고 말았습니다. 어떻게 하나님의 눈을 속이고 하나님을 부인한다고 죄의 문제가 해결되겠습니까? 이 세상의 많은 사람이 하나님의 낯을 피하여 동산 나무에 숨고 있습니다. 하나님과 거리를 두며 살려고 합니다. 그러나 그 결과는 비극으로 끝나게 됨을 명심 하십시오.

하나님으로부터 도망칠 수 없는 인간

하나님 앞에서 도망친다고 될 일이 아닙니다. "죄악 된 생활을 하기 때문에 나는 교회에 나갈 수 없어요" 라고 생각하고 교회에 나가지 않으면 여러분의 죄가 드러나지 않을 것처럼 생각하는 것은 참으로 어리석은 짓입니다. 결국 하나님 앞에서 심판을 받아야 할 사람들이기 때문입니다. "하나님이여 주는 나의 우매함을 아시오니 나의 죄가 주 앞에서 숨김이 없나이다" (시 69:5)

다윗은 이 사실을 너무나 잘 알고 있었습니다. 사람이 죄를 숨길 수 있다고 생각합니까? 도망간다고 하나님의 손에서 벗어날 수 있나요?

아담과 하와가 하나님에게서 도망을 친다고 쳤지만 9절에서 하나님은 그들을 부르시고 계십니다. "여호와 하나님이 아담을 부르시며 그에게 이르시되 네가 어디 있느냐" 그리고 10절에서 벌벌 떨면서 하나님 앞에 나오는 아담과 하와의 모습을 발견할 수 있습니다.

“이르되 내가 동산에서 하나님의 소리를 듣고 내가 벗었으므로 두려워하여 숨었나이다”

하나님은 다 아십니다. 핑계하지 말아야 합니다. 그런데 그들은 벗은 것이 부끄러워 숨었다고 핑계하고 있습니다. 하나님이 인생을 부르셔서 “너는 왜 세상에 살면서 나를 외면하고 숨어 다니느냐”라고 물으면 무엇이라고 대답할 것입니까? “예, 저는 세상일이 너무 바빠서, 저는 죄를 너무 많이 지어서 교회에 나올 수가 없었습니다.” 라고 말하며 오늘 아담과 하와처럼 부들부들 떨면서 나오는 일이 없기를 바랍니다.

책임 전가라는 또 다른 방법

하나님 앞에 선 아담과 하와의 또 다른 방법은 책임 전가였습니다. 책임을 전가하는 것이 방법이 될 수 있을 것이라고 아담과 하와는 생각한 모양입니다.

아담의 책임 전가

“아담이 이르되 하나님이 주셔서 나와 함께 있게 하신 여자 그가 그 나무 열매를 내게 주므로 내가 먹었나이다”(12절) 간사한 것이 인간의 마음입니다. 사랑하는 사람에게 죄를 뒤집어씌우는 아담의 추악한 모습을 보십시오. 아담은 하와를 보고 좋아서 어쩔 줄 몰라

했습니다. 하나님께서 하와를 자기에게 데려오는 것을 보고 감격하고 기뻐서 한 말이 무엇인지 아십니까? "아담이 이르되 이는 내 뼈 중의 뼈요 살 중의 살이라"(창 2:23)

하나님의 심판 앞에서 사랑하는 사람이 무슨 소용인가?

하나님의 심판대 앞에서는 그 누구도 도움이 될 수 없습니다. 오직 예수님만이 도움이 될 뿐입니다. 오히려 아담에게 하와는 도움은커녕 자신까지 죄의 구렁텅이 속으로 몰아넣은 결과가 되고 말았습니다. 진정으로 형제를 사랑하고 남편을 사랑하는 것은 하나님 말씀을 지키는 것입니다. 서로에게 죄를 칠해주는 것이 인간입니다. "여보 오늘 내가 죄를 지었으니 당신도 죄를 지어야 해! 당신 혼자 천국 가겠다고 가족을 저버리는 것은 무책임한 일이야!" 아마 지옥에 가면 가족들 때문에 남편이나 부모의 성화에 묻어서 지옥행을 결심한 사람도 많을 것입니다. 그런데 그 사람들이 다 세상에서 가장 가까운 사람들이었다는 것이 통탄할 일입니다.

진정으로 사랑하면 좋은 곳(천국)으로 가게 도와주어야 하는데, 사실이 그렇지 못하다는 것입니다. 끝까지 교회에 못 나가게 하고 폭력을 쓰면서까지 함께 지옥 가자고 하는 남편, 혹은 아내나 부모들, 이것은 참으로 서글픈 일이 아닐 수 없습니다.

사람들이 천국을 향해 가는데 가장 걸림돌이 되는 것이 세상의 정이라는 것입니다. 아담도 하와와의 정 때문에 죄를 범했습니다. 이 사실을 아는 예수님은 내 부친의 장례를 치르고 예수님을 따르겠다는 사람에게 "이르시되 죽은 자들로 자기의 죽은 자들을 장사하게 하고 너는 가서 하나님의 나라를 전파하라"(눅 9:60)

또 다른 사람이 가족과 작별하고 주님을 따라가겠다고 하자, "손에 쟁기를 잡고 뒤를 돌아보는 자는 하나님의 나라에 합당하지 아니하니라" (눅 9:60)고 하셨습니다. 세상의 정에 얽매여 범죄하고 하나님의 심판대 앞에 선 사람이 계속해서 자신은 그 사랑이 온당한 것이었다고 말하지 않습니다. 바로 "저 사람 때문이었다."고 말하며 후회할 수밖에 없다는 사실입니다.

하나님께 대한 원망

아담은 하나님이 이런 여자를 내게 주시지 않았으면 나는 죄를 짓지 않았을 것이라고 항변하고 있습니다. 죄를 짓는 자는 원망합니다. 그 원망은 아내, 자식, 부모나 이웃, 형제들에게 그리고 나중에는 하나님을 원망합니다. 참으로 죄란 사람의 가장 기본적인 판단까지도 흐리게 만듭니다. 하나님이 죄짓도록 아내를 주신 것이 아닌데, 자신이 잘못한 것을 하나님께 돌리는 어리석음이 없어야 합니다. 이스라엘 백성도 광야에서 심심하면 하나님을 원망하므로 얼마나 큰 고통과 대가를 받았습니까?

하와의 책임 전가

자신의 죄를 전혀 인정하지 않는 또 한 사람이 있습니다. 바로 하와입니다. "여호와 하나님이 여자에게 이르시되 네가 어찌하여 이렇게 하였느냐 여자가 이르되 뱀이 나를 꾀므로 내가 먹었나이다" (13절) 자신의 잘못은 요만큼도 없습니다. 하나님 말씀에 대한 불신 때문에 죄를 범했다고 고백하지 않았습니다.

하나님은 죄를 인정하기를 원하신다

죄에 대한 인정만이 살 길입니다. 그리고 하나님의 도움을 청해야 합니다. 요나서를 보면 감격적인 장면이 나옵니다. 바로 요나가 니느웨로 가지 않고 다시스로 도망을 치다가 배 밑층에서 잠을 자다가 풍랑이 일어 제비 뽑혔을 때 그는 서슴지 않고 말합니다. "이 큰 폭풍을 만난 것이 나 때문인 줄을 내가 아노라" (욘 1:12)

하나님은 아담이 "내가 먹었습니다."라고 자신의 죄를 인정하기를 원하셨습니다.

인생의 문제는 하나님께 솔직하게 자백하고 용서를 구할 때 해결됩니다. 하나님은 하나님께 나아와 회개하고 용서받기를 원하는 자를 위해 예수 그리스도를 이 땅에 대속물로 보내 주셨습니다. 대속물은 대신 죽는 것입니다. 예수님의 죽음으로 이 세상의 죄인들을 살리신 것입니다. 예수님은 대속물로 오셔서 자신을 희생하셨습니다.

인간의 참된 삶은 자신의 죄를 인정하는 것에서부터 시작됩니다. 예수님은 아담처럼 죄를 짓고도 무례하고 회개할 줄 모르는 우리를 위해 예수님을 보내 주셨습니다.

"인자가 온 것은 섬김을 받으려 함이 아니라 도리어 섬기려 하고 자기 목숨을 많은 사람의 대속물로 주려 함이니라"(막 10:45)

인생은 모두 죄인입니다. 이 죄의 처분을 하나님께 맡길 수밖에 없습니다. 하나님은 자신의 죄 문제를 회개하고 하나님의 처분에 맡기고자 하는 자는 다 용서해 주십니다. 우리의 죄를 겸손하게 고백하고 예수님을 통해 죄 용서함을 받아 죄로부터 벗어나 참된 자유를 누리시는 여러분이 되시기를 바랍니다.

농부의 기다림

야고보서 5:7-11

7 그러므로 형제들아 주께서 강림하시기까지 길이 참으라 보라 농부가
땅에서 나는 귀한 열매를 바라고 길이 참아 이른 비와 늦은 비를 기다리
나니
8 너희도 길이 참고 마음을 굳건하게 하라 주의 강림이 가까우니라
9 형제들아 서로 원망하지 말라 그리하여야 심판을 면하리라 보라 심판
주가 문 밖에 서 계시니라
10 형제들아 주의 이름으로 말한 선지자들을 고난과 오래 참음의 본으로
삼으라
11 보라 인내하는 자를 우리가 복되다 하나니 너희가 욥의 인내를 들었고
주께서 주신 결말을 보았거니와 주는 가장 자비하시고 긍휼히 여기시는
이시니라

농부의 기다림

하나님이 주신 최초의 직업

하나님께서 인간에게 주신 최초의 직업이 바로 농업입니다. 땅에 씨를 뿌리고 거름을 주어 가을이 되면 풍성한 열매를 바라보며 행복감에 젖어듭니다. 이른 봄부터 열매를 수확하는 가을까지 많은 시간과 노력을 투자해야만 합니다. 피곤하고 힘들겠지만 그래도 최고의 투자를 아끼지 않은 결과 그 만족감은 이루 말 할 수 없습니다.

인생은 열매를 위하여 살아야 한다

그날그날 살기에 급급하여 인생의 열매가 무엇인지 모르고 죽음을 맞이하는 허무한 삶을 살지 마십시오. 이 세상을 살았으면 무엇인가 남겨야 합니다. 인생의 주인이신 하나님께 무엇을 자랑할 수 있어야 합니다.

열매 맺어야 하는 이유

주님의 강림하심이 있기 때문이다

사람의 모든 준비는 누구를 만나기 위함입니다. 신부가 신랑을 만나기 위해 준비합니다. 학교에서 열심히 공부하여 지식을 쌓는 이유가 이 세상에서 사람들과의 만남을 효과적으로 하기 위한 준비라고 볼 수 있습니다. 인생은 예수님을 만납니다. 인생을 잘 산 사람에게 상급을 주시기 원하시는 예수님을 만나기 때문에 인생은 이 세상에서 최선의 삶을 살아야 합니다. 주님은 강림하십니다. 예수님을 만날 때 인생은 최고의 기쁨의 날이 될 것입니다. 그러므로 여러분, 부지런히 열매 맺도록 노력하며 살아가기를 바랍니다.

주의 강림이 가깝기 때문이다

시간은 마냥 내 시간이 아닙니다. 언제까지 오늘의 즐거움과 쾌락이 우리를 지켜주는 것이 아닙니다. 인생은 반드시 주님을 만나야 하고 주님은 이 세상의 삶에 대해 셈을 하시게 됩니다. 인생의 결산을 하게 됩니다. 사람들은 감사받는 것을 싫어합니다. 그러나 감사가 있습니다. 인생의 결산이 있습니다.

주님은 심판자로 오신다

상 받을 일을 많이 하면 주님이 보고 싶어 견딜 수 없지만 상 받을 일을 하지 않은 사람은 주님을 만나기를 꺼려합니다. 그러나 분명한 사실은 주님께서 심판자로 오신다는 것입니다. 오늘 성경은 문 밖에 서 계신다고 합니다.(9절) 이는 심판의 날이 가까웠음을 의미합니다.

하나님이 요구하시는 열매는 전도이다

전도하는 자는 하나님의 능력과 함께 한다

전도의 씨를 뿌릴 때 하나님은 성령의 권능과 권세를 허락하실 뿐 아니라 모든 것을 다 동원하여 도와주십니다. "예수께서 열두 제자를 불러 모으사 모든 귀신을 제어하며 병을 고치는 능력과 권위를 주시고 하나님의 나라를 전파하며 앓는 자를 고치게 하려고 내보내시며"(눅 9:1,2)

마가복음 16장 20절은 말씀하고 있습니다. "제자들이 나가 두루 전파할새 주께서 함께 역사하사 그 따르는 표적으로 말씀을 확실히 증언하시니라"

씨를 뿌리는 자들을 축복하신다

하나님은 모든 성도가 전도의 씨를 뿌리는 자가 되기를 원하십니다. 그리고 전도의 씨를 뿌리는 자에게 아낌없이 축복합니다. 하나님으로부터 받은 것을 나누어 주면 줄수록 불어나게 됩니다. 내가 받은 복음을 나눌 수 있는 믿음을 하나님은 최고의 믿음으로 여기십니다. "많은 사람을 옳은 데로 돌아오게 한 자는 별과 같이 영원토록 빛나리라"(단 12:3) 많은 사람을 생명의 길로 이끈 자들은 하늘의 별들처럼 언제까지 빛나리라고 했습니다.

예수님께서 모든 성과 촌을 두루 다니시면서 천국복음을 전하셨습니다. 예수님은 많은 무리가 목자 없는 양처럼 갈 길을 몰라 헤매고 있는 모습을 보며 제자들에게 이렇게 말씀하셨습니다(마 9:35-38). "그러므로 추수하는 주인에게 청하여 추수할 일꾼들을 보내 주소서 하라"(마 9:38) 하나님은 일꾼을 찾고 계십니다.

하나님께서 바울을 통해 아시아 전도를 하지 않고, 왜 유럽 쪽으로 전도하셨을까요? 사도행전 16장에 아시아로 복음을 전하려 하니 성령께서 꿈속에 마게도냐 사람을 통해 마게도냐로 가도록 하십니다. 아시아 민족은 자기만 안다고 합니다. 그래서 아시아는 아무리 작은 나라라도 각 민족의 언어가 있습니다. 유럽 사람들은 나누어 줄줄 압니다.

하나님은 소명감을 가진 자에게 일을 주시고 주장하게 하십니다.

아시아와 유럽의 차이는 엄청납니다. 로마는 거의 2천년 동안 부강한 나라로 있었습니다. 영국은 거의 천년 동안 복음을 전하는 나라로 잘 살고 있습니다. 복음을 가지고 이웃을 도우고 나누어 주었던 나라는 부강한 축복을 받았으나, 아시아의 국가들은 오랫동안 빈곤함을 이기지 못하여 허덕였습니다.

복음을 전하는 가정은 하나님께서 축복하십니다. 6 · 25이후 지금까지 우리나라가 미국으로부터 GNP의 십분의 일의 보조를 받았다고 합니다. 하나님은 도울 수 있고 나누어 줄 수 있는 민족을 선택하여 부강하게 하시고 축복하십니다. 그러므로 우리도 전하고 선교해야 합니다. 통계에 의하면 선교하고 전도하는 교회는 성장하지만 전도하지 않고 다른 일에만 신경을 쓰는 교회는 성장하지 않습니다. 나누어 주어야 축복을 받습니나.

하나님은 전도를 위해 인격적인 열매를 원하십니다.

열매 맺기 위해서는

기다려야 한다

그리스도인들은 기다리는 자들입니다. 여기서 기다림이란 목표를 향해 부지런히 노력하는 것을 말합니다. 씨를 뿌리고 기다려야 합니다. 이는 좌절할만한 일을 당해도 좌절하지 말고 꾸준히 그 일을 계속 하라는 말입니다. 마음이 아무리 조급해도 농부가 뿌린 씨는 기다려야 열매가 맺힙니다.

오늘 날 기다릴 줄 몰라서 얼마나 많은 비극이 생기는지 모릅니다. 분명한 소망이 없는 자들은 기다릴 수 없습니다. 확신이 없는 자도 기다릴 수 없습니다. 여기서 기다림이란 최선을 다하는 것을 전제로 하고 있습니다. 최선을 다하지 않는 자는 기다릴 수 없을 뿐더러 기다린다고 해도 아무런 열매가 없습니다.

"우리가 선을 행하되 낙심하지 말지니 포기하지 아니하면 때가 이르매 거두리라"(갈 6:9)

하나님의 도우심을 믿어야 한다

아무리 기다려도 하나님의 도우심이 없이는 열매를 맺을 수가 없습니다. 7절은 말씀합니다. "그러므로 형제들아 주께서 강림하시기까지 길이 참으라 보라 농부가 땅에서 나는 귀한 열매를 바라고 길이 참아 이른 비와 늦은 비를 기다리나니" 이른 비와 늦은 비를 기다린다는 것은 하나님을 기다리라는 것입니다. 농부가 아무리 노력해도 하나님의 도우심 없이는 열매를 맺을 수 없습니다. 인생은 하나님을 바라보아야 합니다. 인생의 소망은 하나님이십니다.

길이 참는 자에게 이른 비와 늦은 비가 필요한 것이지, 참지 못하고 인내하지 못해서 씨를 뿌리지 않는 자에게 이른 비와 늦은 비는 아무 쓸모없는 비에 불과합니다. 하나님은 노력하는 자를 도우십니다.

예수님이 인내하지 않으셨다면 십자가의 도가 우리에게 능력과 구원, 그리고 영생으로 나타날 수가 없었을 것입니다. 인내하지 않고 참지 않는 자는 풍성한 결과가 없습니다. 11절에서 "인내하는 자를 우리가 복되다 하나니"라고 말씀하고 있습니다. 요셉이 하나님을 믿고 인내하지 않았다면 그는 더 큰 범죄를 범하여 사형에 처해졌을지도 모릅니다. 억울하게 보디발의 아내의 모함을 받았으니 감옥에서나 어디서나 복수의 칼을 갈았다면 그는 어떻게 되었겠습니까? 그는 복수의 칼을 간 것이 아니라, 하나님을 의지하며 살았습니다. 요셉에게는 하나님이 소망이었습니다. 그래서 모함을 받아도 하나님의 뜻대로 산 것입니다. 그의 결국은 총리대신이었습니다.

하나님은 인생에게 기대를 가지고 계신다

독생자이신 예수그리스도를 보내시면서 까지 우리를 불러 주신 주님이십니다. 그러므로 우리를 포기하지 않습니다. 어떤 경우든 천국으로 인도하실 모든 준비를 다 마치고 계십니다. 단지 예수님을 구세주로 믿기만 하면 누구든지 천국으로 인도하시기 때문입니다. 그러한 하나님을 믿지 않는 인간의 불신앙은 하나님의 진노를 사기에 충분합니다. 그러나 하나님께서는 우리를 기다리고 계십니다.

인내와 소망은 형제간이다

인내 없이 소망을 자기의 것으로 삼을 수 없기 때문입니다. 분명한 소망이 있는 자가 이 세상에서 절제하고 규모 있는 삶을 살아갑니다. 그러나 소망이 없으면 아무렇게나 삽니다.

분명한 소망이 없는 사람은 기다릴 수 없다

이 세상에서만 소망을 두면 잘 살 수는 있습니다. 그러나 도덕적인 수준은 기대할 수 없습니다. 오늘날 이 세상이 물질만능주의로 흐르면서 오히려 도덕적으로는 타락해가고 있음을 느낍니다. 자신을 기쁘게 맞아줄 천국이 있고 천국에서 하나님의 아들이신 예수님께서 우리를 맞아 주신다는 확신이 없으니 아무렇게나 살 수밖에 없음은 너무도 당연한 것입니다.

소망이 없는 사람은 하나님이 주시는 열매를 얻을 수 없다

자기의 일시적인 만족을 위한 허공의 열매일 뿐입니다. 하나님과 상관없는 무의미한 열매일 뿐입니다. 세상을 살고 뒤돌아보니 아 헛수고였구나!, 이것이 정말 인생에게 귀한 것이 아니었구나! 라고 말 할 수밖에 없습니다. 이는 분명한 소망이 없기 때문입니다. 세상의 것은 다 지나갑니다. 많이 먹고 즐기는 것도 지나갑니다. 사람들은 남는 것은 사진이라고 말합니다. 그러나 하나님 앞에 갈 때에는 사진도 아무 의미가 없습니다.

소망이 없는 자의 삶의 모습

데이비드 맥밀런이란 사람이 "성취사의"라는 책에서 40개국의 민족성을 연구하였습니다. 그 연구를 초등학교 교과서에 실린 동화를 통해 비교하고 있습니다. 세 가지만 소개하겠습니다.

첫째, 인도의 동화 제목 "모든 것이 그립다"

어떤 부부가 아들을 낳았습니다. 아버지가 그 아들을 보고 물었습니다. "너는 누구냐?" 그러자 그 아들은 "저는 전생에 당신에게 나무 두 단 값을 받지 못해서 받으러 왔습니다." 그러냐고 하면서 나무 두 단 값인 동전 두 닢을 주자 이 아들은 그 자리에서 죽고 말았습니다.

다시 둘째 아들을 낳았습니다. 아버지가 "너는 누구냐?"라고 물으니 "예, 저는 전생에 동백기름 장사였는데, 당신에게 동백기름 두 통 값을 받지 못해서 이렇게 사람으로 태어났습니다." 그 집에 동백기름이 있었습니다. 그 아들이 동백기름을 씁니다. 그런데 그 동백기름의 바닥이 드러나 하나도 없게 되자 이 아들이 죽었습니다.

셋째 아들이 또 태어났습니다. 아버지가 "네가 누구냐?" 고 묻자 이 아들은 "저는 전생에서 당신에게 진 빚 2천 냥을 갚기 위해 왔습니다." 아버지가 아내에게 아들로부터 절대로 2천 냥을 받아서는 안 된다고 말했습니다. 하루는 아들이 먼 곳으로 돈을 벌기 위해 장사하러 가게 되었습니다. 마침 어머니가 옆에 있어서 무심코 어머니에게 "이 가방을 잠시 들고 계십시오." 하며 어머니에게 가방을 맡겼습니다. 그런데 그 아들이 그 자리에서 죽고 말았습니다.

인도의 동화를 통해 허무주의를 알 수 있습니다. 이 세상에서 무엇을 얻고자 하는 것은 헛된 일이니 그렇게 노력하지 말고 적당하게 살라는 것입니다. 인도의 기후, 땅의 크기 등이 우월하지만 형편없는 문화를 만들고 있는 것입니다.

두 번째 미국의 동화 제목은 "성조기라고 불리는 사나이"

어떤 소년(윌리 드리이브)의 아버지가 선원으로 있다가 풍랑으로 세상을 떠나고 말았습니다. 아들은 아버지를 보며 선장의 꿈을 키웠습니다. 그는 비록 초등학교를 중퇴했지만 열심히 일했습니다. 소년은 배에 취직하여 매달 5달러를 받으며 청소와 밥 짓는 일을 시작했습니다. 그런데 이 소년이 얼마나 열심히 일하는지 그 배는 너무나 깨끗해졌고, 분위기가 달라졌습니다. 선장은 이 소년에 대한 내용을 회사 사장에게 알렸고, 사장은 이 소년의 배가 입항하는 날 직접 나와 영접하며 35불이라는 특별 보너스를 주었고, 후에 이 소년은 27세의 나이에 선장이 되어 꿈을 이루는 내용입니다.

하나님은 심은 대로 거두게 하십니다. 비극적인 환경에서도 소망을 잃지 않고 일했을 때, 그는 감히 누구도 할 수 없었던 일을 이룩한 것입니다.

세 번째 한국의 대표적인 동화 "흥부와 놀부"

흥부는 12명의 자녀를 둔 아버지로 책임감이 없었습니다. 개척했다거나 노력했다는 내용이 없습니다. 어느 날 한탕 했습니다. 우리나라의 이야기의 많은 내용은 갑자기 벼락부자가 된 도깨비 방망이 같은 것이 많습니다. "금 나와라 뚝딱!"

한탕이 눈앞에 보이면 미쳐버립니다. 청지기 정신과 기다리는 삶이야말로 하나님의 칭찬과 영원한 열매를 보며 기뻐할 것입니다.

이 세상에 소망을 두면 이 세상에서 어느 정도는 잘 살 수 있으나, 그 이상의 것은 없습니다. 이런 자에게는 천국이 없습니다. 그저 오늘만을 위해 수단과 방법을 가리지 않고 살 수밖에 없습니다.

축제로 변한 장례행렬

누가복음 7:11-17

11 그 후에 예수께서 나인이란 성으로 가실새 제자와 많은 무리가 동행하
더니
12 성문에 가까이 이르실 때에 사람들이 한 죽은 자를 메고 나오니 이는 한
어머니의 독자요 그의 어머니는 과부라 그 성의 많은 사람도 그와 함께
나오거늘
13 주께서 과부를 보시고 불쌍히 여기사 울지 말라 하시고
14 가까이 가서 그 관에 손을 대시니 멘 자들이 서는지라 예수께서 이르시
되 청년아 내가 네게 말하노니 일어나라 하시매
15 죽었던 자가 일어나 앉고 말도 하거늘 예수께서 그를 어머니에게 주시
니
16 모든 사람이 두려워하며 하나님께 영광을 돌려 이르되 큰 선지자가 우
리 가운데 일어나셨다 하고 또 하나님께서 자기 백성을 돌보셨다 하더
라
17 예수께 대한 이 소문이 온 유대와 사방에 두루 퍼지니라

축제로 변한 장례행렬

죽기 싫어하는 인생

세상을 사는 사람들은 누구를 막론하고 죽음을 두려워합니다. 죽지 않기 위해 별 방법을 다 사용합니다. 그러나 다가오는 죽음을 피할 방법이 없습니다. 세상의 권세를 가진 왕이나 최고의 지식을 가진 석학들과 병을 잘 고치는 명의사들도 언젠가는 죽음 앞에 무릎을 꿇을 수밖에 없습니다.

전혀 예상 밖에 찾아오는 죽음

나인성에 살던 어떤 청년이 죽었습니다. 사람들의 기대를 한 몸에 받을 수 있는 젊은 나이에 갑자기 당한 죽은 앞에 사람들은 어떤 해결책도 찾을 수 없었습니다. 죽음 앞에 오열하는 어머니와 친구와 가족들의 모습은 보는 이로 하여금 안타까움만 더할 뿐이었습니다. 무엇인가 이루었다고 만족하며 이제부터는 좀 멋있는 삶을 살아보자고 생각하는 순간 찾아오는 죽음을 누구도 막을 수가 없습니다.

사랑하는 사람도 막을 수 없는 죽음

세상의 최고의 사랑이라고 말하는 어머니의 사랑도 죽음 앞에서 무기력할 뿐입니다. 이 청년의 어머니는 과부였습니다. 혼자서 애쓰며 길러서 그 사랑은 남다른 것이었기에 더욱 슬퍼하며 절규할 뿐이었습니다. 인간의 사랑은 한계가 있는 사랑이요, 불완전한 사랑입니다. 결국 인간이라는 한계 속에서만 사랑할 수밖에 없습니다. 한계를 벗어날 수 없는 불완전한 사랑을 하는 인간이기에 인간에게는 하나님이 필요한 것입니다.

죽음 앞에서 무력한 사람들

장례행렬을 이루고 있는 수많은 사람들이 진정 이 청년의 죽음을 애도했을까요? 정말 마음 아파하고 통분하고 있을까요? 아마 정말 통분히 여기는 사람은 어머니를 비롯해서 몇 명에 불과할 것입니다. 자신의 죽음만을 두려워하고 마음을 쓸 뿐 다른 사람의 아픔과 죽음을 불구경하듯이 바라볼 수밖에 없는 인간의 한계가 더욱 안타까운 것입니다. 청년의 장례행렬에 모인 많은 사람들은 평소에 이 청년과의 인연이나 인사치레로 참석한 사람이 많았을 것입니다. 여러분의 죽음을 누가 진정으로 슬퍼하며 눈물을 흘려주겠습니까? 결국 장례행렬의 대열에 있는 사람은 청년의 죽음을 막지 못한 무기력한 사람들의 행렬일 뿐입니다.

장례행렬 앞에 다가오신 예수님

과부를 불쌍히 여기신 예수님

인생을 진정으로 사랑하는 자를 만나기를 원합니까? 누가 이 과부를 진정으로 사랑할 수 있습니까? 이 과부를 어떤 방법으로 사랑해야 이 여인이 위로를 받을 수 있습니까? 그 많은 사람 중에는 단 한 사람도 없습니다. 누구의 위로도 진정한 위로가 되지 못합니다. 그러나 예수님께서는 과부를 보시고 불쌍히 여기셨습니다(13절). 예수님과 이 여인은 어떤 친척관계도 아니며 어떤 도움을 받은 적도 없지만, 예수님께서는 이 여인을 불쌍히 여기셨습니다.

인간의 아픔을 진정 함께 할 수 있는 분

예수님은 인생의 아픔을 보시고 외면하시지 않습니다. 나보다 그 문제에 대해서 아파하십니다. 성경에 예수님께서 두 번 눈물을 흘리셨던 기록이 있습니다.

인간의 약함과 아픔을 진정으로 아파할 수 있는 분, 그 분은 바로 예수님이십니다. 왜 그렇습니까? 그 분은 인간을 너무도 잘 아시기 때문입니다.

예수님은 인생의 연약함을 다 아십니다. 그래서 더욱 아파하시는 것입니다. 예수님은 중보자로서 오셨습니다. 인간의 문제를 하나님께 고하여 다 해결해 주시기를 원하시는 사랑을 가지신 분이십니다. 나사로의 죽음을 보며 눈물을 흘리신 예수님, 죄악을 범하면서도 자신의 모습을 모르는 죄악의 도성 예루살렘을 보며 통분히 여기시며 눈물을 흘리시던 예수님은 이 세상을 살면서 마음 편하실 날이 없었습니다. 인간의 아픔과 죄악을 보며 언제나 아파하고 우리의 구원을 위해 새벽부터 한 밤중까지 일하셨습니다.

오늘 그 예수님을 만나십시오. 그러면 예수님은 당신의 아픔을 함께 느끼시면서 당신에게 다가오실 것입니다. 예수님은 우리가 해결할 수 없는 은밀한 죄와 깊은 병 속에서 괴로워할 때 우리의 손을 잡으십니다. 이 때 예수님의 손을 외면하지 마십시오. 진정한 위로자, 진정한 사랑을 가지신 분이 여러분을 부르고 계십니다. 그리고 여러분과 함께 하심을 의심하지 마십시오.

인생의 눈물을 씻기시는 예수님

예수님은 과부에게 다가가서 말씀하십니다. "울지 말라" 감히 장례행렬의 맨 앞에서 외아들의 죽음을 보며 절규하며 통곡하는 어머니에게 "울지 말라"고 말할 수 있습니까? 아무도 없습니다. 그 마음 속에 원한을 아무도 해결해 줄 수 없기 때문입니다. 진정 사랑하는 자, 그리고 해결자이신 예수님은 "울지 말라"고 하십니다. 누가 인생 최악의 슬픔인 죽음의 현장에서 "울지 말라"고 말하겠습니까? 예수님이 아니면 누구도 할 수 없는 말씀입니다. 진정으로 인생의 눈물을 씻기실 수 있는 예수님을 믿으십시오. 인간은 스스로 눈물을 씻을 수 있는 힘이 없습니다. 고통을 당하면 울어야 합니다. 슬퍼도 울고, 억울해도 울어야 하는 인생입니다. 그러나 예수님만은 진정한 해결자이시기에 우리에게 "울지 말라"고 말씀하실 수 있는 유일한 분이십니다.

관에 손을 대신 예수님

그 당시 관에 손을 대는 것은 부정한 짓이었습니다. 거룩한 예수님께서 죽은 사람의 관에 손을 대십니다. 죄의 결과가 죽음이라고 했습니다. 누구라도 죽으면 그 시체는 부정합니다. 그래서 아무도 만지기를 원하지 않습니다. 그러나 예수님은 아무리 부정하고 희망이 없어도 다가오셔서 사랑의 손을 내밀어 어루만져 주시고 정결하게 해 주십니다.죄인이 예수님을 만나면 의롭게 되며, 냄새나는 시체 위에 손을 얹으셨을 때에는 죽은 자가 살아났습니다.

과연 인생에게 예수님보다 귀한 분이 있을까요? 돈도 중요하지만 돈은 죽음을 막을 수 없습니다. 이 세상의 사랑도 필요하지만 세상의 사랑은 변질되고 맙니다.

이 세상의 사랑은 영원하지 못합니다. 죽은 자에게는 사랑도 필요없고 아무 것도 해 줄 수 없습니다. 그러나 예수님은 완전하게 희망이 사라진 시체 위에 손을 얹으셨습니다.

예수님을 만나십시오. 어떤 죄를 지었더라도 예수님을 원하는 모든 자에게 반드시 다가가십니다. "누구든지 주의 이름을 부르는 자는 구원을 받으리라"(행 2:21)

죽은 자에게 말씀하신 예수님

"청년아 내가 네게 말하노니 일어나라"(14절)

이 세상에 죽은 자에게 말할 수 있는 사람은 아무도 없습니다. 아무리 말해도 허공을 치는 메아리에 불과합니다. 그러나 예수님의 말씀은 결코 헛되지 않은 살아계신 하나님의 말씀입니다. 죽은 자에게 말한다는 것은 죽은 자의 생명을 가지고 있는 분이기에 가능한 것입니다.

예수님은 죽은 자를 살릴 수 있습니다. 인간에게 영원한 생명을 주실 수 있는 유일한 하나님이십니다. 그래서 우리가 예수님을 믿습니다. 한낱 인간의 죽음도 해결하지 못하는 자를 믿고 따를 수 있겠습니까? 하나님의 말씀을 믿으십시오. 하나님의 말씀은 생명력이 있습니다. 죽은 자도 살리는 능력의 말씀입니다.

살아난 청년

"죽었던 자가 일어나 앉고 말도 하거늘 예수께서 그를 어머니에게 주시니"(15절) 여러분, 이 내용은 죽음이 끝이 아님을 보여주는 좋은 예라고 볼 수 있습니다. 죽음으로 모든 것이 끝나는 줄 아는 인생들은 들어야 합니다. 죽음이 끝이 아닙니다.

예수님을 믿고 죽은 자들은 예수님이 재림하실 때 다시 살아나기 때문입니다. 죽음이 모든 것의 끝이라고 생각하는 사람은 죽음이라는 끝을 보기 전에 이 세상에서 잘 살고 잘 입고 즐겨야 하기에 수단과 방법을 가리지 않고 삽니다. 그러니 아닙니다. 죽음이 끝이 아닙니다. 죽음의 권세를 이기시는 예수님은 자신이 재림하실 때에 다시 우리를 살리실 것이며 영원한 천국으로 인도하실 것입니다.

"주께서 호령과 천사장의 소리와 하나님의 나팔 소리로 친히 하늘로부터 강림하시리니 그리스도 안에서 죽은 자들이 먼저 일어나고 그 후에 우리 살아 남은 자들도 그들과 함께 구름 속으로 끌어 올려 공중에서 주를 영접하게 하시리니 그리하여 우리가 항상 주와 함께 있으리라"(살전 4:16)

예수님은 말씀하셨습니다. "예수께서 이르시되 나는 부활이요 생명이니 나를 믿는 자는 죽어도 살겠고 무릇 살아서 나를 믿는 자는 영원히 죽지 아니하리니 이것을 네가 믿느냐"(요 11:25,26) 일시적인 죽음이 영원히 살리시는 예수님 앞에서는 아무것도 아닙니다. 일시적인 죽음을 두려워하지 마십시오. 예수님을 믿는 자에게 영생이 있습니다.

정말로 두려워해야 할 분

인생이 정말로 두려워하고 사랑해야 할 분은 예수님이십니다. 인생 최대의 두려움인 죽음의 문제를 해결해 주신 예수님은 두려움과 사랑의 대상입니다. 죽음의 문제만 해결한다면 두려운 것이 무엇입니까? 이 세상 사람들은 하나님을 모르기에 아무렇게 삽니다. 그러나 살아계신 하나님을 아는 우리는 하나님을 기쁘시게 해 드려야 합니다. 오늘은 타락과 범죄가 극에 달한 시대입니다. 하나님께서 우리를 부르신 것은 거룩한 자로서의 삶을 살게 하기 위함입니다. 그러나 우리가 마음대로 살아가므로 하나님을 저버리고 있는 것입니다. "하나님이 우리를 부르심은 부정하게 하심이 아니요 거룩하게 하심이니 그러므로 저버리는 자는 사람을 저버림이 아니요 너희에게 그의 성령을 주신 하나님을 저버림이니라"(살전 4:7,8)

하나님께 영광을 돌린 장례행렬

이제 장례행렬은 해산할 수밖에 없습니다. 슬픔과 비통의 분위기의 장례행렬은 바로 축제와 기쁨의 도가니로 바뀌었습니다. 장례를 지내야 할 청년이 살아나서 어머니의 품에 안겼기 때문입니다. 이런 감격이 어디에 있습니까? 장례식에서 맛보는 감격은 예수님이 계셨기에 가능했습니다. 예수님을 만난 자는 절망이 없습니다. "내게 능력 주시는 자 안에서 내가 모든 것을 할 수 있느니라"(빌 4:13)

여러분, 예수님을 만나세요. 그리고 예수님을 부르세요. 어떤 절망도 희망과 기쁨의 축제로 변할 것입니다. "너희가 기도할 때에 무엇이든지 믿고 구하는 것은 다 받으리라 하시니라"(마 21:22)

아직도 절망하는가?

죽음을 이기신 예수님을 분명하게 믿으십시오. 그리고 그 분은 우리와 함께 하십니다. 죽음을 이기신 예수님은 당신의 어떤 문제도 해결하실 수 있음을 믿으십시오.

예수의 소문을 퍼뜨리라

"예수께 대한 이 소문이 온 유대와 사방에 두루 퍼지니라"(17절) 장례행렬에 참석한 모든 사람은 전도자가 됩니다. 그들은 입으로 예수님을 알렸기 때문입니다. 여러분도 예수님의 소문을 퍼뜨려야 합니다. 예수님이 내게 행하신 일들을 전해야 합니다.

지옥갈 수밖에 없는 나를 구원해 주신 예수님, 도무지 해결할 수 없었던 죄 문제를 해결해 주신 예수님의 사랑, 우리를 위해 영원한 처소인 천국을 준비하신 주님의 소문을 퍼뜨립시다.

죄악의 결과인 죽음의 문제를 해결하실 수 있으신 예수님, 온갖 부정한 죄를 깨끗케 하실 수 있는 예수님을 전하여 예수님으로 인해 인간에게 허락된 모든 복을 받으며 살아가는 여러분들이 되시기를 기원합니다.

어찌하여 죄인과 함께 하는가?

마가복음 2:13-17

13 예수께서 다시 바닷가에 나가시매 큰 무리가 나왔거늘 예수께서 그들을
가르치시니라
14 또 지나가시다가 알패오의 아들 레위가 세관에 앉아 있는 것을 보시고
그에게 이르시되 나를 따르라 하시니 일어나 따르니라
15 그의 집에 앉아 잡수실 때에 많은 세리와 죄인들이 예수와 그의 제자들
과 함께 앉았으니 이는 그러한 사람들이 많이 있어서 예수를 따름이러
라
16 바리새인의 서기관들이 예수께서 죄인 및 세리들과 함께 잡수시는 것을
보고 그의 제자들에게 이르되 어찌하여 세리 및 죄인들과 함께 먹는가
17 예수께서 들으시고 그들에게 이르시되 건강한 자에게는 의사가 쓸 데
없고 병든 자에게라야 쓸 데 있느니라 나는 의인을 부르러 온 것이 아니
요 죄인을 부르러 왔노라 하시니라

어찌하여 죄인과 함께 하는가?

예수님을 찾은 사람들

"예수께서 다시 바닷가에 나가시매 큰 무리가 나왔거늘 예수께서 그들을 가르치시니라"(13절)

예수님이 가시는 곳은 언제나 인산인해를 이루었습니다. 오늘도 유명인이 모이는 곳에는 사람들이 많습니다. 그 당시 많은 사람이 예수님의 얼굴을 보기 위함이었을까요? 아닙니다. 예수님께서 기적을 행하셨기 때문에 호기심과 자신에게 어떤 이득이 있을까 해서 모여들었을 것입니다.

군중들 사이에는 사회적인 저명인사나 지식인도 있었지만, 세상에서 그렇게 별 볼일 없는 사람들이 많았습니다. 다시 말하면 세상의 맛을 보고 있는 사람들은 예수님에 대한 관심 보다는 경계심이 더 많았습니다.

예수님이 관심을 보인 사람

세리인 레위를 부르셨다

"또 지나가시다가 알패오의 아들 레위가 세관에 앉아 있는 것을 보시고 그에게 이르시되 나를 따르라 하시니 일어나 따르니라"(14절)

그 당시 세리는 수전노였으며 매국노였습니다. 백성의 피를 빨아 로마 정부에 바치는 더러운 사람이었습니다. 그들은 사람취급을 받지 못하였습니다. 돈은 많았으나 사람대우를 받지 못하고 산 사람에 대해 예수님은 관심을 가지고 계십니다.

사람은 사랑을 먹고 산다고 합니다. 사랑 없이 밥을 먹으면 소화가 안 됩니다. 사랑의 상실, 배신은 참으로 괴로운 것입니다. 평생 사랑받지 못하고 사는 수전노 레위가 예수님의 관심이 되었습니다. 레위는 오늘도 공허한 마음을 가지고 세관에서 일을 하고 있었습니다. 그런데 예수님은 "나를 따르라" 고 하셨고, 레위는 즉시 일어나 따랐습니다.

레위 집에서 식사를 하셨다

"그의 집에 앉아 잡수실 때에 많은 세리와 죄인들이 예수와 그의

제자들과 함께 앉았으니 이는 그러한 사람들이 많이 있어서 예수를 따름이러라"(15절)

레위와 함께 있는 것도 그 당시 사람들로는 이해되지 않는데, 레위의 집에서 많은 세리와 죄인들과 함께 식사를 하셨습니다. 이는 대단히 놀라운 일이었습니다. 레위를 비롯한 세리들과 죄인들에 대한 관심을 표현한 것입니다.

어떻게 유대백성의 피를 빨아 먹는 매국노이며, 반민족주의자, 탈취자요, 폭행자로 대표적인 죄인인 그의 집에서 식사를 할 수 있겠습니까? 레위에 대한 사랑과 관심이 아니고는 불가능한 것입니다. 예수님은 사람들이 생각하는 고상하고 지적인 사람과 교제하기보다는 죄인들과 함께 식사하십니다. 이는 그 당시 사람들의 의문점이었습니다.

바리새인들은 이해하지 못했다

"바리새인의 서기관들이 예수께서 죄인 및 세리들과 함께 잡수시는 것을 보고 그의 제자들에게 이르되 어찌하여 세리 및 죄인들과 함께 먹는가"(16절) 이해할 수 없는 예수님의 행적은 그 당시 신앙생활을 가장 잘 한다고 자부하던 바리새인들에게 도무지 이해되지 않습니다. 오히려 비난의 이유가 되었습니다.

예수님은 어찌하여 죄인과 함께 하셨는가?

예수님을 필요로 하는 사람들이었기 때문이다

레위의 모습을 봅시다. 그는 지금까지 수많은 돈을 벌었습니다. 그러나 그 돈이 그에게 만족을 주지 못했습니다. 그는 예수님을 필요로 했습니다. 예수님을 사모하고 있었습니다. 저분과 함께 하면 자신의 모든 고민이 해결될 것을 믿었습니다. 갈망하는 사람에게 다가가시는 예수님이십니다. 레위는 진정 예수님을 필요로 하였습니다.

예수님은 죄인의 친구로 오셨다

예수님은 하나님이셨으나 이 땅의 종의 형체를 가지신 인간으로 오셨습니다. 예수님은 낮아진 것처럼 사신 분이 아니라 아예 낮고 천한 인간이 되셨습니다.

이는 인간을 사랑하시기 때문입니다. 사랑하시기에 병자들의 상처를 어루만져 주시고 죄인의 친구가 되셨으며 그들의 문제를 해결해 주신 것입니다.

예수님에 대해 빌립보서 2:6-8절에서 말씀합니다. "그는 근본 하나님의 본체시나 하나님과 동등됨을 취할 것으로 여기지 아니하시고 오히려 자기를 비워 종의 형체를 가지사 사람들과 같이 되셨고 사람의 모양으로 나타나사 자기를 낮추시고 죽기까지 복종하셨으니 곧 십자가에 죽으심이라"

자기를 포기하시고 인간이 되신 예수님의 희생은 굉장한 것입니다. 예레미야 선지자는 이스라엘 백성이 범죄 할 때 범죄 하지 말라고 했습니다.

하나님의 말씀은 외쳤지만, 끝내 바벨론으로 포로 되어 가고 그는 바벨론을 좇아가 외치다가 돌에 맞아 죽습니다. 사랑은 이런 것입니다. 예수님도 죄인들을 구하기 위해 십자가에 죽으신 것입니다. 진정 죄인의 친구는 예수님 밖에 없습니다.

먼저 환자임을 고백하라

이 세상에 사는 사람의 병이 3만 가지가 넘는다고 합니다. 어떻게 보면 모두가 병자라고 말해도 틀린 말이 아닐 것입니다. 하나님께서는 자신이 환자임을 고백하는 사람을 찾아가십니다.

레위는 돈은 많았고 생활은 풍요로웠는지 몰라도 자신이 죄인임을 인정했습니다. 그래서 예수님을 따랐습니다. 자신의 부족함을 인정하는 사람은 예수님께서 의사되어 주십니다. 솔직해집시다. 예수님 앞에서 자신의 부족을 인정하고 노출시키는 것만이 해결 받는 길입니다.

오래 전에 여의도순복음교회에 갔습니다. 그 때 다른 사람들의 눈을 의식하여 일어나지 못한 것이 기억납니다. 러시아의 사람들은 적극적으로 일어나 주님의 치료를 원했습니다.

병든 자가 건강한 것처럼 행세하지 마십시오. 건강한 것처럼 아픈 것을 숨기면 빨리 죽습니다. 아픈 것을 참고 의사에게 보이지 않으면 안 됩니다.

영적인 병자인 바리새인들은 예수님을 필요로 하기는커녕 오히려 예수님을 판단하고 비판과 중상모략을 하였습니다. 그들은 겉으로 보기에는 건강한 자였으나, 예수님께서 바리새인들을 보실 때에는 냄새나는 송장과 같은 것이었습니다.

죄에 대해 솔직한 사람 레위와 함께 식사를 하셨다

예수님은 언제나 죄인이라고 말하는 사람을 선택하십니다. 그들과 함께 하십니다.

여러분의 죄가 밖으로 노출되었습니까? 솔직하게 인정하고 예수님께 달려가십시오. 그러면 주님은 죄인과 함께 식사하셨듯이 우리와 함께 하십니다. 그리고 관심을 가지고 다가오십니다. "나는 의인을 부르러 온 것이 아니요 죄인을 부르러 왔노라" (17절)

바리새인들의 문제

자존심

하나님께서 존귀하게 여기는 사람은 자신을 스스로 높이는 사람이 아니라 하나님 앞에서 굴복하고 하나님을 소망 삼는 사람입니다. 교만한 자를 하나님은 싫어합니다.

유대인들은 본래 체통과 명예를 존중해서 이방인의 집에는 들어가지 않습니다. 이방인과 식사도 함께 하지 않는 체면과 체통에 얽매여서 솔직하지 못하였습니다.

사람들만을 의식하며 살았다

솔직하시 못했다

자신들의 문제를 도무지 인정하지 않았다

병자에는 두 종류의 병자가 있습니다. 병자이면서 스스로 병자임을 모르는 병자, 아픈 줄 알아서 병원을 찾아오는 병자가 있습니다. 세상에는 의인이 없습니다. 자신이 죄인이라고 말하는 죄인과 자신이 의인이라고 말하는 죄인이 있을 뿐입니다. "모든 사람이 죄를 범하였으매 하나님의 영광에 이르지 못하더니"(롬 3:23)

바리새인들은 예수님의 지적을 무시하고 오히려 분노했습니다.

성 어거스틴은 이런 말을 했습니다. "하나님은 교만한 의인보다 겸손한 죄인을 사랑하신다."

레위의 모습

죄악의 자리에서 과감하게 일어났다

그의 직장이 그를 먹여 살려주는 곳이었고, 엄청난 부를 가져다주는 노른자위였지만, 그는 예수님이 부르실 때 그 자리를 과감하게 떨쳐버렸습니다. "또 지나가시다가 알패오의 아들 레위가 세관에 앉아 있는 것을 보시고 그에게 이르시되 나를 따르라 하시니 일어나 따르니라"(14절) 레위는 무엇이 중요한지 알았습니다. 일시적인 쾌락을 위해 영원한 파멸을 얻는 것보다는 영원한 생명을 얻기 위해 일시적인 쾌락을 포기하는 대단한 결단을 보였습니다.

레위는 예수님께 인정받은 사람이요, 이 후에 마태복음을 기록한 예수님의 제자가 되었습니다. 바로 그가 죄의 자리를 과감하게 떨쳐버렸기 때문입니다. 많은 사람들이 죄의 자리를 떨쳐버리지 못하는 이유가 자신의 손해 때문입니다. 현재 당신이 앉아 있는 자리를 살펴보십시오.

오늘도 예수님은 우리가 앉아있는 죄악의 자리를 보시고 "일어나 나를 따르라" 고 말씀하십니다.

기회를 놓치지 마라

이 세상에서의 현명한 결단이 주님과 영원히 함께하는 가장 현명한 결단입니다. 레위와 영원히 함께 하시는 예수님, 단지 한 끼의 식사로 끝나지 않고 영원히 함께 하십니다.

주님은 여러분의 모든 문제를 완벽하게 해결해 주시기를 원하십니다. 예수님의 부르심에 응답 하십시오.

그리고 여러분이 일하는 현장이 죄악의 자리라면 즉시 손을 털고 예수님을 따르기를 바랍니다. 오늘 이 시간 예수님은 우리에게 말씀하십니다.

"나를 따르라"

인생의 목자이신 하나님

시편 23:1-6

1 여호와는 나의 목자시니 내게 부족함이 없으리로다
2 그가 나를 푸른 풀밭에 누이시며 쉴 만한 물 가로 인도하시는도다
3 내 영혼을 소생시키시고 자기 이름을 위하여 의의 길로 인도하시는도다
4 내가 사망의 음침한 골짜기로 다닐지라도 해를 두려워하지 않을 것은 주
께서 나와 함께 하심이라 주의 지팡이와 막대기가 나를 안위하시나이다
5 주께서 내 원수의 목전에서 내게 상을 차려 주시고 기름을 내 머리에 부
으셨으니 내 잔이 넘치나이다
6 내 평생에 선하심과 인자하심이 반드시 나를 따르리니 내가 여호와의 집
에 영원히 살리로다

인생의 목자이신 하나님

인생에게 반드시 필요한 목자

"여호와는 나의 목자시니 내게 부족함이 없으리로다"(1절)

들판에서 한가롭게 풀을 뜯고 있는 양들에게는 부족한 것이 없습니다. 평화가 있고, 먹을 것이 있습니다. 그러나 그들에게 찾아온 이 평화는 목자가 있을 때 만족한 것입니다. 이처럼 인생에게도 목자가 필요합니다.

인생의 목자이신 하나님

"여호와는 나의 목자시니 내게 부족함이 없으리로다"(1절)

목자는 삶의 모든 부분을 책임집니다. 양을 치는 목자는 양 하나 하나 세밀하게 살피듯이 하나님은 인생을 세밀하게 지키시고 인도하십니다.

양에게 목자는 가장 귀중합니다. 양이 길을 가다가 자기 입에 맞는 음식을 발견했다고 목자를 포기해서는 안 됩니다. 오늘날 많은 사람들은 돈이 많다고 목자를 괄시합니다. 명예와 건강을 가졌다고 목자를 우습게 여깁니다. 오직 목자이신 하나님만이 인생을 부족함이 없게 해 주십니다.

하나님은 생명을 주신 분이다.

"그가 나를 푸른 풀밭에 누이시며 쉴 만한 물 가로 인도하시는도다" (2절)

하나님은 인생에게 생명을 주시는 분이시고, 또한 생명을 주관하시는 분이십니다. 모든 만물을 만드신 하나님께서 인생도 창조하셨습니다. 그리고 주신 생명을 주관할 수 있는 유일한 분이십니다.

사람은 자기를 지은 분을 쳐다볼 줄 알아야 합니다. 자신을 낳아준 부모를 쳐다보지 않으면 불효자라고 손가락질 받습니다. 하물며 인생을 지어주신 하나님을 쳐다보지 않는데서야 말이 되겠습니까?

"그 날에 사람이 자기를 지으신 이를 바라보겠으며" (사 17:7) 성경은 분명 자기를 지으신 분이 하나님이라고 말씀하고 있습니다. 사람들은 생명의 중요성을 알지만, 그 생명을 주신 분을 찾거나 바라보는 일은 멀리하는 경우가 많습니다.

여호사밧 왕이 모압과 암몬의 두 나라가 동맹을 맺고 유대를 치러 올 때 하나님께 이렇게 기도했습니다. "우리를 치러 오는 이 큰 무

리를 우리가 대적할 능력이 없고 어떻게 할 줄도 알지 못하옵고 오직 주만 바라보나이다"(대하 20:12)

왜 하나님을 외면합니까? 그 이유가 무엇입니까? 자녀가 아버지의 얼굴을 쳐다보지 않고 아버지라고 부르지 않는다면 어떤 이유에서도 용서받지 못할 것입니다. 성경은 말씀하고 있습니다. "죄에 대하여라 함은 그들이 나를 믿지 아니함이요"(요 16:9)

어떤 경우든 믿지 않는 자는 용서받을 수 없음을 기억하십시오. 쉽게 생각해 봅시다. 양의 생명은 바로 목자가 아닙니까? 양이 살고 죽는 것이 목자의 손에 달렸듯이, 인생의 생명도 하나님의 손에 있음을 믿으십시오.

하나님은 양육자이십니다

"그가 나를 푸른 풀밭에 누이시며 쉴 만한 물 가로 인도하시는도다"(2절)

부모가 자녀를 양육할 때, 그 마음은 오직 사랑입니다. 사랑으로 양육하고 부모의 온갖 열정을 다 투자해서 잘 되기를 바랍니다. 양을 치는 목자는 아르바이트생이 아닙니다. 자신의 돈을 위해 주어진 시간 속에서만 열심히 하는 것이 아닙니다. 자녀에게는 돈보다 더 중요한 자신의 모든 것을 투자해서라도 올바르고 건강하게 성장하기를 원하시는 것입니다. 잘못하면 매를 들어서라도 바르게 되기를 원합니다. 이는 양이 잘못된 길로 갈 때 목자가 지팡이를 매로 사용하여 바른 길로 몰아가는 것과 같습니다.

하나님은 공급자이시다

"그가 나를 푸른 풀밭에 누이시며 쉴 만한 물 가로 인도하시는도다" (2절)

양에게 있어서 목자만이 공급자이십니다. 생명을 주신 하나님은 인생에게 필요한 모든 것을 다 공급해 주셨습니다. 이 세상을 만드신 하나님께서 주신 모든 것들은 얼마나 완벽합니까? 모두가 인생을 위해 주신 것들입니다.

하나님은 아버지이시다

하나님은 우리에게 창조주와 피조물의 관계만을 주장하시지 않습니다. 모두 하나님의 자녀로 삼기를 원하십니다.

"영접하는 자 곧 그 이름을 믿는 자들에게는 하나님의 자녀가 되는 권세를 주셨으니" (2절)

아버지의 사랑보다 더 진한 사랑은 세상에 없습니다.

어떤 딸이 가출하여 자기 마음대로 살다가 몸과 마음이 엉망이 되어 비참한 상태가 된 것을 보고 진정으로 마음 아파하며 피눈물을 쏟을 사람은 부모밖에 없습니다. 성경은 말씀합니다. "하나님은 사랑이시라" (요일 4:16)

자녀들 중에도 부모의 사랑을 아는 자녀와 모르는 자녀가 있습니다. 부모의 존재가 얼마나 대단한가를 인정하는 자녀는 부모의 완벽한 사랑을 누리며 살 수 있습니다. 인생도 마찬가지입니다.

이스라엘 백성이 애굽을 떠나 광야를 지나가면서 그들에게 어려움이 다가올 때마다 아버지이신 하나님의 존재와 하나님의 능력을 자주 잊어버렸습니다. 그 결과 어려움을 이기지 못하고 불평하고 지도자인 모세에게 싸움을 걸어 서로 이간질 시켰습니다. 하나님은 그때마다 분노하셨지만, 그래도 이스라엘 백성을 가나안까지 인도해 주셨습니다.

하나님은 보호자이시다

"내가 사망의 음침한 골짜기로 다닐지라도 해를 두려워하지 않을 것은 주께서 나와 함께 하심이라 주의 지팡이와 막대기가 나를 안위하시나이다" (4절)

이 세상의 그 어떤 보호도 불완전합니다. 사람들은 오래 살기 위해 여러 가지 보호 장치를 합니다. 교통사고에 대비하여 별의 별 보호 기구를 다 사용합니다. 그러나 그것도 불완전합니다. 하나님만이 인간을 완벽하게 지켜주실 수 있습니다. 세상의 돈, 명예, 사랑하는 사람, 그 누구도 보호자가 될 수 없습니다. 더욱이 그렇게 자신의 주먹을 믿고 사는 사람도 그 자신의 주먹이 자신을 지켜주지 못한다는 사실입니다. 양과 같은 인생이 스스로 자신을 위한 자구책을 세울 수 없는 것입니다.

목자 없는 양 한 마리가 푸른 풀밭에서 한가롭게 풀을 뜯고 있습니다. 그 양은 '나는 안전하다. 아 평화롭구나! 꼴이 많으니 정말 배가 부르구나!' 라고 혼자서 생각했습니다. 그러나 그 때 갑자기 나타난 늑대 한 마리 때문에 불안에 휩싸여 어찌할 바를 모릅니다. 이처럼 인생들도 일시적인 행복을 보며 목자이신 하나님의 존재를 거부하고 있는 것입니다.

하나님은 영원한 안내자이시다

"내 영혼을 소생시키시고 자기 이름을 위하여 의의 길로 인도하시는도다" (3절)

목자는 양에게 가장 완벽한 안내자입니다. 이처럼 하나님은 인생에게 가장 완벽한 안내자입니다. 요즘 이집트에서는 한국어 붐이 일고 있다고 합니다. 이집트로 몰려드는 한국인 여행객 때문에 한국인을 위한 가이드가 인기라고 합니다. 잠깐 동안의 여행에도 안내자가 필요합니다. 영원한 인생의 안내자는 바로 하나님이십니다.

예수님은 말씀하십니다. "예수께서 이르시되 내가 곧 길이요 진리요 생명이니 나로 말미암지 않고는 아버지께로 올 자가 없느니라" (요 14:6)

영원한 천국의 안내자이신 하나님은 독생자 예수 그리스도를 이 땅에 보내 주신 것입니다.

얼마 전에 등산을 하면서 안내자가 다른 길로 안내하는 바람에 목적지까지 가지 못하고 시간이 되어 산을 그냥 내려온 적이 있습니다. 안내자가 길을 잘 못 든 것을 안 순간부터 일행들은 오던 길을 뒤돌아 오면서도 이 길이 내려가는 길이 맞느냐고 서로 물어보는 모습을 볼 수 있었습니다.

하나님의 외아들인 예수님만이 인생의 확실한 가이드입니다. 등산을 하거나 여행을 할 때 가장 큰 문제는 안내자입니다. 안내자만 확실하면 정상(목표)을 향해 가는데 문제가 될 것이 없습니다. 어떤 경우는 산의 정상이 바로 앞에 보이는데 정상을 등지고 걷기도 합니다. 그러나 결국 안내자는 정상으로 인도하고야 맙니다. 예수님은 분명하게 말씀하셨습니다. "예수께서 이르시되 내가 곧 길이요 진리요 생명이니 나로 말미암지 않고는 아버지께로 올 자가 없느니라" (요 14:6)

하나님은 치료자이시다

"내 영혼을 소생시키시고 자기 이름을 위하여 의의 길로 인도하시는도다"(3절)

양이 길을 가다가 가시에 찔려 피가 나면 목자가 양의 상처를 치료해 줍니다. 양 스스로 해결할 수 없습니다.

하나님은 구원자이시다

"내 영혼을 소생시키시고 자기 이름을 위하여 의의 길로 인도하시는도다"(3절)

양이 길을 가다가 웅덩이에 빠졌습니다. 그 때에 목자는 재빨리 양을 그 웅덩이로부터 구해줍니다. 수백 마리의 양이 함께 가도 구원해 줄 수 있는 자는 목자 밖에 없습니다.

인생의 문제도 마찬가지입니다. 인생에게 가장 큰 문제인 죄의 구덩이에 빠졌을 때 인생 스스로 어떤 방법(돈, 명예, 친구)을 다 사용해도 불가능합니다. 결국 인생의 구원자는 하나님이십니다. 하나님께서 우리의 구원을 위해 예수님을 보내셨습니다. 죄의 구덩이에 빠져서 자신을 구원해 주려는 예수라는 구원자를 거부하는 사람은 참으로 어리석은 사람이 아니겠습니까?

"이르되 주 예수를 믿으라 그리하면 너와 네 집이 구원을 받으리라"(행 16:31)

구원자이신 하나님께서 예수님을 구원자로 보내 주신 것입니다. 구원자는 단 한 분 예수님이십니다. "다른 이로써는 구원을 받을 수 없나니 천하 사람 중에 구원을 받을 만한 다른 이름을 우리에게 주신 일이 없음이라 하였더라"(행 4:12)

하나님은 영원한 거처를 주시는 분이다

"내 평생에 선하심과 인자하심이 반드시 나를 따르리니 내가 여호와의 집에 영원히 살리로다"(6절)

한 평생 선하심과 인자하심으로 인도하시는 하나님은 결국 우리에게 여호와의 집을 영원한 거처로 허락해 주십니다. 양의 거처가 목자를 통해 주어지듯이 인생의 영원한 거처도 하나님께서 주십니다. 인생의 노력이나 선행 그 자체가 거처를 만들어 주는 것이 아닙니다. 양이 안내자인 목자를 따라가면 그곳은 바로 그가 쉴 안식처가 나옵니다. 인생도 마찬가지입니다. 하나님을 믿고 구원자로 보내주신 인생의 영원한 안내자인 예수님을 따라가야만 영원한 거처를 소유할 수 있습니다.

요한복음 14장 1,2절은 말씀하고 있습니다. "너희는 마음에 근심하지 말라 하나님을 믿으니 또 나를 믿으라 내 아버지 집에 거할 곳이 많도다 그렇지 않으면 너희에게 일렀으리라 내가 너희를 위하여 거처를 예비하러 가노니"

인생에게 영원한 거처가 있습니다. 죽은 다음의 거처를 성경은 분명하게 말씀하고 있습니다.

하나님을 믿으십시오. 살아계신 하나님은 당신의 목자입니다. 그 목자이신 하나님이 우리 인생을 구체적으로 인도하실 독생자 예수님을 통해 우리의 영원한 안내자이며 목자로서 함께 하십니다. 당신은 오늘 목자의 인도를 받고 있습니까? 목자 없는 양이 푸른 풀밭에서 혼자 기분 좋게 풀을 뜯으며 그것이 행복이라고 착각하고 있지는 않습니까? 인생에게 부족함이 없는 목자이신 하나님을 믿으시기 바랍니다. 그래서 일시적인 행복과 비교할 수 없는 영원한 행복을 누리시기를 바랍니다.

당신은 행복하십니까?

신명기 33:26-29

26 여수룬이여 하나님 같은 이가 없도다 그가 너를 도우시려고 하늘을 타
고 궁창에서 위엄을 나타내시는도다
27 영원하신 하나님이 네 처소가 되시니 그의 영원하신 팔이 네 아래에 있
도다 그가 네 앞에서 대적을 쫓으시며 멸하라 하시도다
28 이스라엘이 안전히 거하며 야곱의 샘은 곡식과 새 포도주의 땅에 홀로
있나니 곧 그의 하늘이 이슬을 내리는 곳에로다
29 이스라엘이여 너는 행복한 사람이로다 여호와의 구원을 너 같이 얻은
백성이 누구냐 그는 너를 돕는 방패시요 네 영광의 칼이시로다 네 대적
이 네게 복종하리니 네가 그들의 높은 곳을 밟으리로다

당신은 행복하십니까?

행복을 구하는 인생

인생은 한 평생 행복을 얻기 위해 살아갑니다. 무엇이 사람을 행복하게 해 줄 것인가에 대해 관심을 가지고 추구합니다.

사람들은 자신 스스로 행복을 만들 수 있다고 착각하며 사는 경우가 많습니다.

작가인 마이어스라는 분은 "뿌리와 꽃"이라는 소설에서 이렇게 말하고 있습니다. "우리가 스스로에게 행복한가를 계속해서 묻는 것은 소용없는 짓입니다. 당신이 해야 할 일은 행복을 솟아나게 하는 보다 깊은 것을 찾는 것입니다." 라고 말했습니다.

행복을 주시는 하나님

벨기에의 대표 작가인 모리스 마테를링크(1862-1949)는 그의 작품 "파랑새"에서 행복에 대해 이렇게 묘사하고 있습니다.

"아무리 찾아도 비껴가던 행복이 시골집에 모여서 빵과 물을 먹으며 즐기는 단순함에서 발견됩니다. 오늘날 많은 사람들은 대단한 물질이나 권력 속에 행복이 있을 것이라고 말합니다. 그러나 그것은 행복이 아닙니다."

성경에는 "하나님을 그들의 주님으로 섬기는 이들은 행복하다." 라는 구절은 있어도, "이것이 행복이다."라는 말씀은 없습니다. 행복이라는 단어가 이 세상에서 많이 떠다니지만 진정한 행복의 근원을 만나기를 원하는 사람은 적습니다.

오늘 본문에서 "이스라엘이여 너는 행복한 사람이로다"(29절) 라고 말씀하고 있습니다.

이스라엘 백성은 하나님을 섬기며 산 백성입니다. 지금 그들에게는 물질의 풍요로움도 없습니다. 외적인 조건이 없음에도 불구하고 "너는 행복한 사람이로다" 라고 말씀하고 있습니다. 결국 행복은 하나님께서 주십니다.

성경이 말씀하고 있습니다. "여수룬(이스라엘)이여 하나님 같은 이가 없도다"(26절)

인생이 하나님을 제외시키고 살면서 행복하다고 말하는 것은 참으로 어리석고 순간적인 감정에 불과합니다.

하나님께서 아브라함에게 힘주어 하신 말씀이 복에 대한 것입니다. "내가 너로 큰 민족을 이루고 네게 복을 주어 네 이름을 창대하게 하리니 너는 복의 근원이 될지라" (창 12:2) 아브라함을 통해 아내 사라에게도 복을 주셨습니다.

"내가 그에게 복을 주어 그가 네게 아들을 낳아 주게 하며 내가 그에게 복을 주어 그를 여러 민족의 어머니가 되게 하리니 민족의 여러 왕이 그에게서 나리라" (창 17:16)

하나님만이 인생에게 행복을 주실 수 있는 분이십니다. 이사야 41장 18, 20절의 말씀을 현대인의 성경으로 인용해 보겠습니다. "내가 메마른 고원 지대에 강물이 흐르게 하고 골짜기에 샘물이 나게 하며 사막을 연못이 되게 하고 마른 땅을 샘이 되게 하겠다." "사람들이 이것을 보고 나 여호와가 한 일인 줄 알 것이며 이스라엘의 거룩한 하나님이 그렇게 만든 것임을 깨닫게 될 것이다."

도우시는 하나님(26절)

하나님은 인생을 도우시는 분이십니다. 완벽하게 도우실 수 있는 하나님은 그의 백성을 돕기 위해 "하늘을 타고 궁창에서 위엄을 나타내시는도다" (26절) 라고 말씀하고 있습니다. 이는 하나님께서 인생을 돕기 위해 위엄 있게 내려오신다는 뜻입니다. 하나님은 전설적인 인물이 아닙니다. 인생을 돕기 위해 일하시는 분입니다.

프랑스의 로렌스라는 사람은 본래 요리사였는데, 나중에 "하나님께 가까이"라는 책을 쓴 사람입니다.

이 사람은 자연 속에 나타나신 하나님을 찾은 후부터는 주방, 방, 거리, 어디에서나 하나님이 계심을 믿고 의지하게 되었습니다. 그는 불을 피우고 요리를 할 때도 기도하였고, 한 순간도 머릿속에 하나님이 떠나지 않았다고 합니다.

사실 하나님은 언제나 함께 하셔서 우리를 도우시고 동행하시는 분이십니다. "나의 영혼이 주를 가까이 따르니 주의 오른손이 나를 붙드시거니와"(시 63:8)

이스라엘을 도우신 하나님은 오늘을 사는 인생을 도우시는 하나님이심을 믿어야 합니다. 그의 아들 예수님을 통해 인생에게 구원의 길을 가르쳐 주셨고, 친히 인도자가 되어 주셨습니다. "내가 곧 길이요 진리요 생명이니 나로 말미암지 않고는 아버지께로 올 자가 없느니라"(요 14:6)

인생의 피난처는 오직 하나님

"영원하신 하나님이 네 처소가 되시니 그의 영원하신 팔이 네 아래에 있도다 그가 네 앞에서 대적을 쫓으시며 멸하라 하시도다"(27절)

영원하신 하나님이 우리의 피난처이시며, 그의 영원하신 팔이 우리를 붙드십니다. 그가 원수를 우리 앞에서 쫓아내시며 "그들을 멸하라" 하십니다. 무엇이 인생에게 평안을 주고 피난처가 되어 줍니까? 사람들이 그렇게 좋아하는 돈입니까? 권력입니까? 아니면 사랑하는 사람입니까? 아닙니다. 하나님만이 영원한 거처요, 피난처이십니다.

평화롭고 안전하게 살게 하시는 하나님

"이스라엘이 안전히 거하며 야곱의 샘은 곡식과 새 포도주의 땅에 홀로 있나니 곧 그의 하늘이 이슬을 내리는 곳에로다"(28절)

하나님께서 영원한 피난처가 되시고 영원한 팔로 우리를 붙잡아 주실 때에 "곡식과 새 포도주가 많은 땅에서 평화롭고 안전하게 살 것이며 하늘에서는 이슬이 내리고 땅에서는 샘물을 마시며 살 것이다."

인생의 평화는 하나님께서 주시는 평화 속에서만 가능합니다. 하나님께서 주시는 공급 속에서만 가능합니다.

구원을 주시는 하나님

애굽에서 구원하신 하나님

"이스라엘이여 너는 행복한 사람이로다 여호와의 구원을 너 같이 얻은 백성이 누구냐 그는 너를 돕는 방패시요 네 영광의 칼이시로다 네 대적이 네게 복종하리니 네가 그들의 높은 곳을 밟으리로다" (29절)

하나님은 애굽에서 종노릇 하던 이스라엘 백성들을 구원하셔서 가나안으로 인도하셨습니다.

죄에서 구원하신 하나님

인생의 문제는 죄입니다. 죄로부터 구원해 주기를 원하시는 하나님은 그의 독생자 예수님을 이 땅에 보내 주셔서 대신 죄의 짐을 지게 하셨습니다. 죄로부터 자유 할 수 없다면 인생은 영원히 자유 할 수 없습니다. 돈이 있어도 죄를 짓고 나면 불안과 염려로 고통과 근심 속에서 살아갈 수밖에 없습니다.

이스라엘을 구해주신 하나님은 인간의 죄 문제를 해결해 주시기를 원하십니다. 그리고 그 죄를 예수님을 통해서 용서해 주신 것입니다.

인생 스스로 아무리 노력해도 죄 문제를 해결할 수가 없습니다. 이는 이스라엘 백성들이 아무리 노력해도 자신의 힘으로는 애굽을 벗어날 수 없었던 것과 마찬가지입니다. 시편 130편 4절을 보십시오. "그러나 사유하심이 주께 있음은 주를 경외하게 하심이니이다"

구원자를 만난 행복

이스라엘은 하나님께서 그들의 방패가 되고 칼이 되어 주셔서 구원해 주셨음에도 자신들이 행복한 자임을 실감하지 못하고 있습니다. 하나님이 인도하시고 함께 하는 백성들이 행복함을 모르고 있었다면 이는 대단히 우스운 일입니다.

하나님은 인생을 돕는 방패이시다

하나님은 인생의 방패와 칼이 되어 도와주십니다.

"그는 너를 돕는 방패시요 네 영광의 칼이시로다" (29절)

하나님이 승리를 주신다

"네 대적이 네게 복종하리니 네가 그들의 높은 곳을 밟으리로다" (29절)

하나님은 역사의 주관자이십니다. 인생의 승패를 가지신 분이십니다. 하나님을 부인하는 자가 승리를 주시는 하나님을 외면하면서 승리를 논할 자격이 없습니다. 하나님만이 승리를 주십니다.

구원자를 만나야 행복한 자이다

"이스라엘이여 너는 행복한 사람이로다 여호와의 구원을 너 같이 얻은 백성이 누구냐" 여러분은 인생의 구원자인 하나님을 만났습니까?

인생의 행복을 주시기 위해 예수님을 보내 주셨다

예수님은 죄를 짊어지시고 우리를 대신하여 십자가에 죽으시기 위해서 오셨습니다. 하나님은 인생의 행복을 위해서 가장 좋은 것을 아끼지 않으시고 주신 것입니다. 예수님을 믿기만 한다면 우리는 구원을 받을 수 있고 구원자인 예수님의 도움을 받을 수 있는 것입니다.

"내가 진실로 진실로 너희에게 이르노니 내 말을 듣고 또 나 보내신 이를 믿는 자는 영생을 얻었고 심판에 이르지 아니하나니 사망에서 생명으로 옮겼느니라"(요 5:24)

하나님으로부터 인정받는 자의 행복

인생의 궁극적인 행복은 하나님으로부터 인정받는 자가 소유합니다. 남으로부터 인정받고 박수를 받을 때 사람들은 행복해 합니다. 그러나 인생이 진정으로 행복하고 영원한 행복을 소유했다고 말할 수 있는 것은 하나님으로부터 인정받을 때입니다.

로마서 4장 6-8절에는 인생의 진정한 행복에 대해 말씀하고 있습니다. “일한 것이 없이 하나님께 의로 여기심을 받는 사람의 복에 대하여 다윗이 말한 바 불법이 사함을 받고 죄가 가리어짐을 받는 사람들은 복이 있고 주께서 그 죄를 인정하지 아니하실 사람은 복이 있도다 함과 같으니라”

여기서 복된 자는 ① 하나님으로부터 의롭다고 인정을 받는 자이고, ② 잘못을 용서받고 하나님이 죄를 덮어 주신 사람입니다. 죄인임에도 죄인이 아니라고 인정받는 자가 진정으로 행복한 자입니다.

사실 죄 많은 인생이 하나님으로부터 인정받는다는 것이 보통 영광스럽고 복된 일이 아닐 수 없습니다. “허물의 사함을 받고 자신의 죄가 가려진 자는 복이 있도다”(시 32:1)

하나님이 계신 데도 없는 것같이 사는 것은 최고의 불행이다

하나님이 항상 함께 계심에도 모르고 사는 것이 어찌 어리석음이 아니겠습니까?

“여호와는 천지와 바다와 그 중의 만물을 지으시며 영원히 진실함을 지키시며”(시 146:6)

“여호와는 영원히 다스리시고 네 하나님은 대대로 통치하시리로다”(시 146:10)

하나님께 구하고 받지 못하는 불행

수억 만금을 가지고도 쓰지 못하고 침대 밑에 두고 죽은 어떤 부자는 참으로 어리석은 사람입니다. 이보다 더 한 사람이 하나님께서 나를 도우시기를 원하는 것을 거부하며 사는 사람입니다.

하나님을 통해서 행복을 소유하며 살아가는 여러분이 되시기를 바랍니다.